SAINTE-COLOMBE

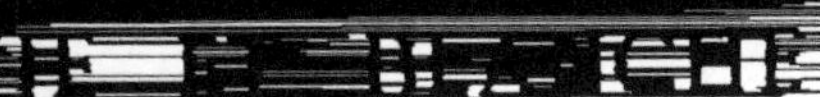

DE

RELIGIEUSES

DE LA SOCIÉTÉ DE MARIE-RÉPARATRICE

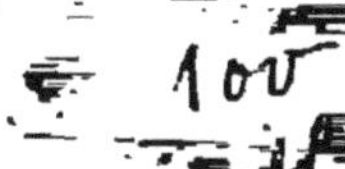

TOULOUSE

IMPRIMERIE L. HÉBRAIL

5, rue de la Pomme, 5.

1885

SYLVIE ET BLANCHE

DE SAINTE-COLOMBE

RELIGIEUSES

DE LA SOCIÉTÉ DE MARIE-RÉPARATRICE.

SYLVIE ET BLANCHE

DE

SAINTE-COLOMBE

RELIGIEUSES

DE LA SOCIÉTÉ DE MARIE-RÉPARATRICE.

TOULOUSE

IMPRIMERIE L. HÉBRAIL

5, rue de la Pomme, 5.

1885

INQ années se sont écoulées depuis qu'il a plu à Dieu de rappeler à Lui les deux Mères Marie de Saint-Rodolphe et Marie de Saint - Hilaire, religieuses de la Société de Marie-Réparatrice et sœurs par la naissance. Le temps, qui emporte si vite tant d'autres souvenirs, a épargné leur mémoire; il l'a même entourée d'une auréole de respect et de vénération. Il nous a paru voir là un signe de la Volonté divine, indiquant ces deux âmes comme des modèles à imiter. C'est pourquoi nous avons travaillé à recueillir les traits édifiants de leur vie : ce sont les principaux que nous consignons ici.

Pure et sainte avait été leur vie, douce et céleste fut leur mort; mais leurs jours ici-bas se sont écoulés dans la simplicité : nous n'y avons rien vu d'extraordinaire, rien qui étonnât les regards. Comme on l'a dit du bienheureux Berchmans, elles cachèrent sous les dehors d'une vie commune une vertu non commune; semblables à cette fleur qu'on a prise pour symbole de l'humilité, elles ne se révélèrent que par le parfum de leurs vertus, surtout de leur charité et de leur humilité. Mais, en considérant ces deux existences, nous admirerons l'empire de la charité de Jésus-Christ dans les âmes et la beauté qu'elle leur communique; c'est elle qui, s'emparant d'une créature humaine, la dépouille de ses laideurs natives, la revêt de grâces et de vertus surnaturelles, et en fait un objet de complaisance pour Dieu et ses Anges, d'admiration pour les hommes.

Telle s'est montrée à nous la Mère Marie de Saint-Rodolphe, que nous allons plus particulièrement étudier dans ces pages; elle nous est apparue éprise uniquement de l'amour de son divin Maître, fidèle imitatrice de ses vertus et passionnée pour sa gloire! La charité qui consumait son cœur la rendait capable de tous les dévouements, de tous les sacrifices, de tous les héroïsmes; et, si les grandes choses ont manqué à son amour, nous pouvons dire que l'amour ne lui a pas manqué pour les grandes choses; toutes ses aspirations l'y poussaient, et, comme elle le dit si bien elle-même, « tout ce qui est beau, généreux, la ravissait et l'emportait. »

A l'école de Jésus crucifié, elle comprit que la vraie grandeur, pour l'âme chrétienne et religieuse, consiste dans la lutte contre soi-même, dans le sacrifice de tout ce qui est en nous opposé à la vertu. Ce combat contre elle-même, elle l'entreprit généreusement, le continua vaillamment et ne cessa la lutte que pour aller se reposer dans le sein de Celui pour lequel elle avait si loyalement combattu. Mais ces combats, ces victoires ont été tout intimes ; cette vie a été, avant tout, intérieure. Jésus l'a cachée dans le secret de son Cœur ; aussi n'en pourrons-nous saisir que la partie, sans doute, la moins intéressante : celle que l'ingénieuse humilité de la chère Mère n'a pu dérober entièrement. Elle suffira cependant pour nous édifier, nous consoler et nous montrer une fois de plus combien Dieu est admirable dans ses saints [1].

[1] Ps. LXVII, 36.

I

LA ville de Fribourg, chef-lieu du canton de ce nom, est bâtie dans une vallée étroite, sur les bords de la Sarine, et en partie sur un rocher presque coupé à pic en divers endroits. Beaucoup de ses maisons sont, pour ainsi dire, suspendues sur le bord d'un abîme. Ses rues, comme superposées les unes au-dessus des autres, l'élévation graduelle des édifices, les nombreuses églises et couvents avec leurs clochers aux formes élégantes et variées, les murs flanqués de tours, et enfin la chaîne des rochers s'étendant de l'est à l'ouest,

et sur le haut desquels Fribourg se termine
par la porte Bourguillon qu'on dirait suspen-
due dans les airs : tout cela forme un ensemble
des plus pittoresques.

C'est dans cette ville, demeurée si profondément catholique et qui a su combattre avec tant
de vaillance pour la défense de sa foi et de sa
liberté, que vint au monde, le 2 avril 1847, la
Mère Marie de Saint-Rodolphe, dont nous en-
treprenons d'écrire l'angélique vie. Elle était la
fille aînée du comte et de la comtesse de Sainte-
Colombe. Jésus voulut que cette enfant de bénédiction naquît à l'ombre de sa croix, le jour
même du Vendredi-Saint. Elle fut régénérée
dans les eaux du baptême le jour de Pâques, et
reçut le nom de Sylvie.

La première grâce que le Seigneur lui accorda,
après celle d'être enfant de la sainte Église catholique, fut celle de naître dans une famille entièrement dévouée à cette même Église.

La maison de Sainte-Colombe, qui a pour
berceau le bourg du même nom, situé en Beau-
jolais, est l'une des plus anciennes de cette pro-

vince et ne manque pas d'illustrations. L'un de ses membres fut chef de l'armée d'Italie, avec Bayard; un autre, frère d'armes du duc de Guise, au siège de Rouen; un troisième, Antoine de Thorigny, fut l'ami et le compagnon d'armes de Henri IV. Mais c'est surtout à l'Église qu'elle a donné un grand nombre de sujets remarquables. On n'en compte pas moins de soixante-dix, parmi lesquels cinq chanoines, comtes de Lyon, dont le premier, Guillaume de Sainte-Colombe, mourut en 1237; des abbés et abbesses, des prieurs, des chevaliers de Saint-Jean, dont plusieurs furent revêtus des plus hautes charges de l'Ordre. L'un d'eux, Georges de Sainte-Colombe, commandeur de Salins et de Morterols, donna son sang pour la foi, ayant été tué au siège de Rhodes.

Citons aussi deux membres de cette famille qui entrèrent dans la Compagnie de Jésus : Claude de Sainte-Colombe du Poyet [1] qui, dit

---

[1] Fils de François, seigneur du Poyet, et d'Anne de Ronchivol, vers le commencement du dix-septième siècle.

la chronique, « renonça de bonne heure aux vaines espérances du siècle pour suivre Jésus-Christ et se consacrer à son service, se retirant parmi les Pères de la Compagnie de Jésus du Languedoc, où il est mort dans une haute réputation de piété et de doctrine ; et Charles de Sainte-Colombe de Laubespin, lequel suivit l'exemple de son cousin, Claude du Poyet, et s'enrôla sous la bannière de saint Ignace. »

Donner en même temps à la religion plusieurs de ses membres n'est pas un fait singulier dans l'histoire de cette noble famille : on voit, dans le seizième siècle, six sœurs de la branche de Sainte-Colombe de Saint-Priest prendre toutes le voile ; comme, auparavant déjà, six frères et deux sœurs de la même branche avaient quitté le monde pour entrer en religion. Plus tard, dans une autre branche, celle de Sainte-Colombe de Nanton, ce sont trois frères et quatre sœurs qui imitent cet exemple.

Aujourd'hui encore, elle est représentée dans l'état religieux par Mme Marguerite-Marie de Sainte-Colombe qui, entrée à l'âge de vingt ans au Monastère de la Visitation de Lyon, édifie, depuis bientôt cinquante ans, la communauté par l'exemple de ses vertus.

Le comte Léonor de Sainte-Colombe mourut dans les prisons de Roanne, pendant la Révolution de 1793, victime de son attachement à son Dieu et à son roi.

Son petit-fils, le comte Louis de Sainte-Colombe, père de Sylvie, fit ses études dans le célèbre collège de Fribourg; et ce fut également dans cette ville qu'il choisit plus tard la compagne de sa vie, Mlle Hilaire d'Odet, qui était sa cousine par alliance.

La famille patricienne d'Odet était également recommandable par sa piété et sa noblesse. Elle posséda plusieurs fiefs dans l'État de Fribourg, entre autres la baronnie et la seigneurie d'Orsonnens dont elle prit le nom. Elle a occupé dans tous les temps les premières charges de la République, et donné à l'Église bon nombre de ses membres, parmi lesquels il faut nommer le P. Louis d'Odet, aumônier des gardes suisses, en France, religieux capucin qui excerça la

1.

charge de Gardien, dans son Ordre; le P. Arsène d'Odet, religieux de la Compagnie de Jésus, confesseur des ducs de Bavière; et, enfin, un illustre prélat, *Mgr Jean-Baptiste d'Odet d'Or-sonnens*, évêque, comte de Lausanne et Genève, et prince du saint-empire, qui reçut la consécration épiscopale en 1795, et qui, par sa prudence et par son zèle, sut conserver la foi dans son diocèse pendant ces temps difficiles. De plus, elle a donné aux divers couvents de Fribourg de nombreuses et saintes religieuses, dont plusieurs furent appelées à diriger leur communauté.

Le collège de Fribourg avait été fondé dès 1582 par le bienheureux Pierre Canisius; mais ce ne fut que vers 1825 que plusieurs membres du gouvernement, parmi lesquels M. Philippe d'Odet d'Orsonnens, conseiller d'État et syndic de la ville de Fribourg, conçurent l'idée de faire élever le magnifique pensionnat, qui eut une renommée universelle *jusqu'à la révolution* de 1848, époque à laquelle il fut fermé.

M. d'Odet, ancien lieutenant-colonel des troupes fédérales, conseiller d'État et syndic de

Fribourg, épousa, en 1814, Mlle Sylvie Colombe du Lieu-de-Chenevoux, fille du comte de Chenevoux et de la comtesse née de Sainte-Colombe, de Laubespin, *qui s'étaient réfugiés à Fribourg* lors de la révolution. C'est ainsi que M. d'Odet était cousin du comte Louis de Sainte-Colombe, auquel il donna sa seconde fille en mariage.

Nous avons vu comment Dieu avait béni cette union par la naissance de Sylvie. Trois ans plus tard, le 4 octobre 1850, elle eut une sœur que l'on nomma Blanche, avec laquelle elle devait avoir la plus étroite liaison de cœur et d'âme.

La comtesse de Sainte-Colombe vit bientôt après son bonheur arriver pour ainsi dire à son comble par la naissance d'un fils.

Mais, hélas ! tandis que la jeune mère, toute à son devoir, se livrait avec délices aux soins de son intéressante famille, elle fut tout à coup atteinte par une terrible maladie, la variole noire, qui l'enleva en quelques jours à l'affection des siens. Blanche et son frère Rodolphe, trop jeunes encore, ne soupçonnèrent pas la perte qu'ils venaient de faire. Sylvie, sans la comprendre dans toute son étendue, mêla du moins ses larmes à celles qu'elle voyait répandre autour d'elle.

Dieu qui, dans ses desseins impénétrables, avait jugé bon de les priver de leur mère, n'abandonna pas les trois petits orphelins : il leur procura une seconde mère dans la personne de leur tante, Mlle Catherine d'Odet. On pourrait croire qu'en lui recommandant ses enfants à son lit de mort, sa sœur lui légua en même temps toute sa tendresse maternelle; mais il est certain qu'ils ne pouvaient tomber en de meilleures mains : Mlle d'Odet joignait à une piété profonde une éducation distinguée, une grande élévation de pensées et de sentiments. Elle se dévoua sans réserve à la mission que la divine Providence lui confiait. Les enfants vinrent habiter auprès d'elle, dans la maison de leur grand-père maternel, M. d'Odet, vénérable vieillard doué de la foi la plus vive, de la piété la plus sincère et de la charité la plus compatissante pour tous les malheureux. La présence de ses petits-enfants fut comme un doux rayon de soleil qui éclaira et réjouit ses dernières années. Il s'appliqua à leur inculquer l'amour de Dieu et de la vertu. Ses efforts, unis à ceux de sa fille, ne furent pas stériles; la bonne semence déposée dans ces jeunes cœurs tombait sur une terre excellente, et devait dans la suite rapporter des fruits en abondance.

Depuis la mort de son épouse, le comte de Sainte-Colombe était venu habiter la France; mais il faisait de fréquentes apparitions en Suisse, auprès de sa jeune famille, qu'il se félicitait d'avoir confiée aux soins si dévoués et si intelligents de sa belle-sœur.

Blanche et Sylvie manifestèrent dès leur plus tendre enfance les meilleures dispositions pour la piété. Elles étaient vives, pleines de gaieté et d'entrain ; cependant leur santé était délicate et demandait des ménagements. Quoique leurs goûts et leurs caractères fussent assez différents, la plus douce union régnait entre elles. C'étaient deux beaux lis qui devaient se conserver toujours purs; aussi, « Celui qui se plaît parmi les lis [1] » veillait-il avec sollicitude pour écarter

---

[1] Cant., ii, 16.

loin d'eux tout ce qui aurait pu ternir leur éclatante blancheur. Séparées de toute influence mauvaise, entourées des soins les plus assidus et les plus intelligents, vivant dans un milieu aussi chrétien, les deux sœurs, avec les heureuses qualités dont le Ciel les avait douées, devaient, on le comprend sans peine, se laisser séduire par les charmes de la vertu.

Sylvie se révéla dès ses plus jeunes années telle qu'elle devait se montrer plus tard : portée à tous les dévouements ; alors, sa charité s'exerça surtout en faveur des pauvres et des malheureux.

En Suisse, ainsi qu'en d'autres lieux, saint Nicolas est le patron des enfants, et le jour de sa fête on leur distribue des cadeaux qu'on leur dit être apportés par le saint. Une veille de cette fête, alors qu'elle n'avait encore que quatre ou cinq ans, Sylvie jouait auprès de sa mère et de sa tante, lorsqu'on lui demanda ce qu'elle désirait que le saint lui apportât du Paradis. Les yeux de l'enfant s'illuminèrent soudain, et elle répondit avec empressement : « Une pièce de toile pour faire des chemises aux pauvres. » Le lendemain, le vœu de la charitable enfant était exaucé. Elle ne se possédait pas de joie d'un tel présent, qu'elle préférait à tous les jouets qu'on aurait pu lui offrir.

Cet attrait si marqué pour la charité ne fit que grandir avec les années : c'était d'ailleurs un bien de famille dont Sylvie hérita particulièrement. Son père, le comte de Sainte-Colombe, ne passait jamais devant aucune infortune sans la secourir; il fut le bienfaiteur de l'église et des pauvres du village de Sainte-Colombe, où sa mémoire est restée en bénédiction. Son grand-père maternel rendit proverbiale la charité de la famille d'Odet, par l'abondance de ses aumônes; sa porte était toujours ouverte aux indigents qui s'y pressaient chaque jour, et aucun des malheureux qui s'y présentaient n'était jamais renvoyé les mains vides.

M. d'Odet, qui connaissait tout le prix de la prière, se plut à initier ses chers petits-enfants à ce saint exercice de la vie chrétienne et à leur en inspirer le goût. Il était beau de voir ce vénérable vieillard entouré de ces trois petits anges agenouillés auprès de lui, joignant leurs mains enfantines et priant de tout leur cœur avec lui. Tous les soirs, on récitait ainsi le chapelet en famille.

Mais les prières communes ne pouvaient satisfaire les généreuses ardeurs de la petite Sylvie, et déjà elle avait appris à dérober des instants au sommeil pour les employer à l'oraison. Elle avait à peine huit ou neuf ans que sa tante l'aperçut bien des fois levée au milieu de la nuit et priant avec une ferveur angélique auprès de son lit. Réveillée par le son des cloches de deux couvents voisins qui appelaient les religieux à Matines, elle prenait ce signal pour elle-même et préludait ainsi, sans le savoir, à sa vocation de Réparatrice et à ces adorations nocturnes qu'elle devait compter plus tard parmi ses plus doux moments. Sa tante, non sans admirer cette piété précoce, la reprenait doucement et l'engageait à regagner son lit sur lequel elle pourrait, disait-elle, continuer sa prière sans danger pour sa santé.

Ce cœur d'enfant était déjà tout épris de l'amour de Dieu et trouvait sa joie à le prier, à entendre *parler de ses bienfaits, de son amour.* Elle voulait aussi souffrir avec Lui et pour Lui, et on la surprit souvent s'imposant de petites mortifications qui paraissaient bien au-dessus de son âge.

Blanche, de son côté, se distinguait par un attrait singulier pour la solitude et par une tendre dévotion envers la sainte Vierge, à laquelle elle érigeait des autels dans tous les lieux qu'elle jugeait propices. Elle aimait à se faire de petites Thébaïdes où elle allait prier sans être vue, et où elle se réfugiait pour pleurer lorsqu'il lui arrivait quelque petit chagrin. Une sorte de parenté spirituelle s'établit aussi, dès l'enfance, entre son âme si pure et l'angélique *Louis de Gonzague* : c'était son patron de choix qu'elle invoquait souvent.

Dès que les petites filles surent lire, leur grand-père se plaisait à faire faire par elles toutes ses lectures spirituelles. Elles s'acquittaient volontiers de cette charge de confiance. En lisant la Vie des saints, en particulier celle des martyrs, Sylvie s'enthousiasmait et concevait le désir de marcher sur leurs traces; c'était là aussi, sans doute, que Blanche puisait ses goûts de vie érémitique.

Ces deux sœurs étaient de délicieuses enfants, douées d'un excellent caractère, pleines d'esprit, de bonne grâce, de gaieté, de délicatesse, entourant de soins et d'attentions charmantes les personnes avec lesquelles elles vivaient. Elles chérissaient leur frère qui le leur rendait de tout son cœur; ce petit trio ne se quittait guère, trouvait partout la joie sous ses pas et la répandait autour de lui.

Pendant la saison d'été que l'on passait aux Râppes, propriété que la famille d'Odet avait aux portes de Fribourg, que de plaisirs nouveaux attendaient la petite bande! Que de moissons de fleurs, que de bouquets cueillis pour la Madone, de guirlandes tressées en son honneur! Que de mignons autels, faits par Blanche et son frère, dans les mousses, dans les creux d'arbres! Que de bruyants départs et de douces rentrées, parés de fleurs et tout couverts de beaux lierres !

Mlle d'Odet, persuadée que l'œuvre de l'éducation doit commencer au berceau et ne jamais être interrompue, veillait avec amour au développement intellectuel et moral des chers êtres qui lui étaient confiés. Elle reprenait, corrigeait leurs défauts naissants, sans faiblesse, mais aussi avec tant de douceur, que les enfants craignaient plus de lui faire de la peine que d'être punis. Elle ne négligeait aucune occasion de les porter à la pratique de la vertu qu'elle cherchait à leur faire aimer ; et elle y réussissait sans peine. Nous avons vu comment elle sut leur inspirer l'amour de Dieu, de la prière et des pauvres.

En même temps qu'elle façonnait leur cœur, elle n'oubliait pas la culture de leur intelligence. Elle s'était, en partie, déchargée de ce soin sur une institutrice digne de sa confiance. Les enfants passaient avec le même entrain des jeux à l'étude, de l'étude à la prière. Tout se faisait gaiement pour plaire au bon Dieu, et contenter des parents si aimés et si dignes de l'être.

II.

PREMIÈRE COMMUNION. — VOCATION RELIGIEUSE.

NE grande et solennelle époque allait ar-
river pour Sylvie de Sainte-Colombe :
elle atteignait sa douzième année, il fallait songer à la préparer d'une manière sérieuse
à la première communion. La pensée de ce beau
jour faisait déjà, depuis longtemps, soupirer la
petite fille, et que de bons désirs, que d'actes
de vertus dut produire cette âme, déjà si surnaturelle, dans l'attente de cette première visite
de son Dieu !

Quoique l'intérieur de la famille d'Odet fût
comme un sanctuaire consacré par la foi et la
piété, on voulut cependant pour Sylvie une

séparation plus complète du monde, et on confia aux épouses de Jésus-Christ le soin d'embellir et d'orner le cœur de cette enfant que Jésus aimait. Quelques mois avant sa première communion, Sylvie fut donc placée au pensionnat des Dames Ursulines, à Fribourg, excellente maison d'éducation dirigée en ce moment par la Rév. Mère de Courten, religieuse d'une grande distinction et d'un grand mérite, qui mourut quelques années après en odeur de sainteté.

La religieuse chargée plus spécialement de préparer les enfants à la première communion ne tarda pas à s'apercevoir des trésors de grâces renfermés dans l'âme de Sylvie : elle fut frappée surtout de sa parfaite innocence, de son ardent amour pour Notre-Seigneur Jésus-Christ et de son vif désir de souffrir pour lui. Elle ne put taire à Mlle d'Odet son admiration pour sa petite élève; un jour, en lui parlant de sa nièce, elle lui dit : « Il y a dans cette enfant une vertu extraordinaire. »

Sylvie sut également s'attirer l'estime et l'affection de toutes ses compagnes. Elle avait un talent particulier pour leur parler du divin Maître et les porter à l'aimer.

Le 3 juin 1858, jour fixé pour la première communion, se leva enfin pour l'heureuse enfant et pour sa famille qui, réunie dans la chapelle du couvent des Ursulines, accompagna à la Table sainte la chère petite communiante qui paraissait rayonnante de bonheur. Son extérieur pénétré, recueilli, radieux, disait à tous combien elle comprenait la grandeur de l'acte qu'elle venait d'accomplir.

Nous regrettons de ne pas connaître les impressions que ressentit alors ce cœur si bien préparé; car ce fut avec complaisance, et sans doute avec des grâces de choix, que Notre-Seigneur vint en cette âme si pure, si généreuse et qui, déjà, l'aimait si ardemment.

Après sa première communion, Sylvie quitta le couvent des religieuses Ursulines et retourna dans sa famille. Blanche et son frère l'accueillirent avec une joie mêlée d'une sorte de vénération.

C'est à cette époque de transition, où l'enfant

devient jeune fille, que le caractère se dessine plus nettement. La vive intelligence qu'on avait remarquée chez Sylvie enfant prend du sérieux; la bonté et la tendresse de cœur dont Dieu l'a douée sont accompagnées d'une force de volonté qui grandit tous les jours; elle est patiente, généreuse, et ne sait rien refuser de ce qu'on lui demande. Ses heureuses dispositions présentent des contrastes frappants : ainsi, nous la voyons humble et petite, cherchant toujours à se cacher pour mettre les autres en relief, et en même temps, elle a l'instinct de la magnanimité; tout ce qui est grand, généreux, la transporte; elle s'enthousiasme devant un acte de courage, de vertu; elle a horreur de tout ce qui est mal, de ce qui est bas; elle bouillonne d'indignation devant une lâcheté, une bassesse, quoique toujours prête à excuser et à pardonner. Très expansive avec les siens, elle est avec les personnes du dehors d'une extrême réserve.

Mais ce qui la distingue par-dessus tout, c'est toujours son ardent amour pour Dieu et sa compagne inséparable, la charité envers le prochain. Un soir que la famille se trouvait aux Râppes, deux pauvres enfants viennent s'adresser à Rodolphe pour lui demander la permission de passer la nuit dans les écuries. Celui-ci, sachant que c'était une chose défendue, renvoya les petits mendiants sans songer à leur donner une aumône. Grande fut la désolation de Sylvie en apprenant ce méfait! Bien vite, pour réparer cette faute, elle saisit deux pains, et, malgré l'heure tardive, emmène son frère les porter lui-même à une pauvre vieille femme qui demeurait à quelque distance de leur habitation.

Une autre fois, Sylvie apprend qu'une personne de distinction se trouve dans la gêne; elle accourt auprès de Mlle d'Odet et lui dépeint en termes très vifs la situation de la personne qui l'intéresse. « Chère tante, dit-elle, permettez-moi de lui offrir tout ce que contient ma petite bourse. » La demande fut accueillie volontiers, et 6o francs furent remis discrètement à sa protégée, qui ignora toujours d'où lui était venu ce secours providentiel.

Trois ans après la première communion de

Sylvie, le même bonheur était donné à sa sœur Blanche.

Cette fois, c'était dans la chapelle du couvent de la Visitation Sainte-Marie que toute la famille se trouvait réunie auprès de la chère communiante. A cette occasion, Blanche et une de ses parentes se cotisèrent pour acheter à leurs frais des vêtements qu'elles confectionnèrent elles-mêmes, pour habiller une jeune fille de leur âge, nourrie depuis trois ans dans la famille d'Odet, et qui faisait, elle aussi, sa première communion. C'était une des charités favorites de M. d'Odet d'avoir toujours à la table de ses domestiques un jeune homme ou une jeune fille pauvre, voulant que sa maison possédât toujours « un des petits du Seigneur[1]. »

La religieuse qui prit soin de Blanche lui avait, pendant sa préparation au couvent de la Visitation, recommandé de réciter tous les jours, à partir de cette époque, un *Ave Maria* pour obtenir la grâce de connaître sa vocation. Elle

[1] Saint Matthieu, xxv, 4o.

y fut fidèle, et nous verrons comme Dieu l'en récompensa. Blanche se crut toute sa vie redevable de sa vocation à cette Sœur dont elle avait conservé le plus reconnaissant souvenir.

Sylvie et Blanche avaient goûté des joies trop grandes, dans cette première visite de Jésus à leur âme, pour ne pas revenir fréquemment puiser à la même source le même bonheur. Sous la sage et prudente direction de Mgr Chassot, vicaire général de l'évêché, elles s'approchaient très souvent des sacrements. Cet excellent directeur prenait un soin tout particulier de ces deux jeunes âmes, qui le charmaient par leurs dispositions si marquées pour la piété. Il leur apprit à faire la méditation. Blanche la faisait déjà tous les matins à l'âge de onze ans. (Un petit dessin à la plume, tracé par elle-même à cet âge, nous la représente occupée à ce saint exercice.)

En 1862, l'institutrice qui s'occupait de Mlles de Sainte-Colombe les ayant quittées, Mlle d'Odet se consacra plus que jamais à leur éducation. L'intimité la plus étroite régnait entre elle et ses nièces ; elle était non seulement leur mère et leur maîtresse, mais encore leur amie, la confidente de leurs joies, de leurs peines, de leurs désirs ; confiance qui lui permit de tourner de plus en plus vers Dieu l'élan de ces deux âmes. Les journées s'écoulaient douces et agréables, partagées entre la prière, l'étude, le travail, les délassements nécessaires à leur âge. Une de leurs récréations les plus chères était de travailler pour les églises et pour les pauvres. Tout en travaillant, la tante et ses nièces priaient vocalement, ce qui était un des grands attraits de Sylvie ; elle ne se lassait jamais et demandait toujours qu'on ajoutât quelques prières. Avec un égal entrain, on s'entretenait ensuite de tout ce qui pouvait intéresser les jeunes filles. Mais leur discours de prédilection était de parler et d'entendre parler de Notre-Seigneur.

A la fête de Noël, l'Enfant Jésus avait tous les ans son joli trousseau confectionné par les deux sœurs pour vêtir un petit enfant pauvre.

Pendant la saison de l'année que la famille passait à Fribourg, tous les soirs, à l'entrée de la nuit, elles allaient, accompagnées de leur pieuse tante, faire une adoration au très saint Sacrement dans la charmante chapelle des Sœurs de Saint-Vincent de Paul, dont l'établissement était très rapproché de la maison paternelle. Ce moment passé aux pieds de Jésus, à cette heure mystérieuse où tout est ombre et silence, devant ce tabernacle à demi-éclairé par la petite lampe du sanctuaire, était une des joies intimes de nos deux sœurs. L'attrait qu'elles ressentaient pour ces visites au divin Captif de l'autel était si grand, qu'un jour Sylvie, rentrant d'une soirée où elle avait paru beaucoup se divertir, avoua à sa tante qu'elle avait pensé presque continuellement à la petite lampe du sanctuaire qui se consume nuit et jour devant Notre-Seigneur, et qu'elle avait envié son sort. N'était-ce pas là comme une révélation de sa vocation, qui devait la faire se dépenser nuit et jour aux pieds de la divine Eucharistie ?...

Mlles de Sainte-Colombe ne vivaient pas cachées à Fribourg ; elles avaient un cercle d'amies dont elles partageaient les divertissements, et

on les voyait dans les réunions en usage dans
la société. Elles possédaient d'ailleurs tous les
talents qui font le charme de ces assemblées ;
elles étaient musiciennes ; Blanche surtout chantait très bien ; elle avait aussi de grandes dispositions pour le dessin. Ni l'une ni l'autre
n'étaient étrangères à aucun des arts d'agrément
qui conviennent aux personnes de leur condition, pas même à celui de l'équitation. Lorsque
leur père, le comte de Sainte-Colombe, venait
aux Râppes, et, nous l'avons déjà dit, il y faisait
de fréquents séjours, Blanche et Sylvie faisaient
avec lui de longues promenades à cheval, des
excursions lointaines dans les forêts. Elles se
plaisaient à admirer les beaux sites qui se présentent nombreux dans cette terre de Suisse, si
pittoresque. Elles étaient infatigables dans les
courses à travers les montagnes, dans la visite
des vieux châteaux et des chalets rustiques, etc.

Le caractère ardent de Sylvie s'enthousiasmait devant cette belle et immense nature qui
se déroulait devant elle : la vue des monts élevés
qui l'environnaient et semblent se perdre dans

les nues, lui faisait rêver à l'Infini et tournait toutes ses aspirations vers le Créateur de tant de merveilles.

Aussi pouvons-nous dire que, de bonne heure, la pensée de Dieu lui devint familière, et qu'elle la suivait partout, même au milieu de ses délassements.

La joie ici-bas est toujours mêlée de quelque tristesse : la jeunesse de Sylvie n'en fut pas exempte. Son cœur aimant ne pouvait voir sans souffrance les places laissées vides au foyer domestique : le souvenir de sa mère la quittait peu. A l'âge de quinze ans, elle perdit l'aînée de ses tantes, Mlle Marie d'Odet, qui demeurait dans la maison paternelle; plus tard, son excellent grand-père terminait par une sainte mort une vie pleine d'édification.

Une des dernières consolations du vénérable vieillard, fut de deviner la vocation religieuse de ses deux petites-filles, laquelle se faisait déjà pressentir à travers la gaieté et la vivacité de leur âge. Il y donnait sa pleine approbation et recommanda, avant de mourir, à leur tante, d'appuyer cette vocation, si elle se manifestait.

Notre-Seigneur avait de bonne heure, en effet, fait entendre sa voix à Sylvie ; elle n'eut jamais que son seul amour au cœur, et ne crut pas possible de partager ses affections entre Lui et la créature.

Ses premières pensées se tournèrent vers l'institut des Filles de la Charité : sa nature avait besoin de dévouement, elle voyait là un vaste champ pour l'exercer ; les petits et les pauvres avaient toujours été ses préférés, elle pensa que nulle part elle ne pourrait leur être plus secourable. Après avoir médité quelque temps en silence ce pieux projet et l'avoir recommandé à Dieu, elle s'en ouvrit un jour à sa tante, la priant d'obtenir de son père l'autorisation d'entrer au Postulat des Sœurs de Saint-Vincent de Paul. Mlle d'Odet, qui la trouvait bien jeune encore (elle n'avait que seize ans), et la jugeait nécessaire à l'affection de son grand-père, déjà très âgé, l'engagea à mûrir en secret cette bonne inspiration et à n'en parler à personne. Ce conseil était prudent. Dieu n'avait pas encore dit son dernier mot à la jeune fille ; Il lui montra plus clairement, dans la suite, qu'autres étaient ses desseins sur elle. Elle attendit donc ; mais déjà dans son cœur elle se regardait comme appartenant à Jésus-Christ.

Blanche fut aussi très jeune sollicitée par la même grâce de la vocation religieuse, sans connaître positivement encore où Dieu la voulait. Elle avait, du reste, les mêmes aspirations que sa sœur, elle éprouvait les mêmes besoins de dévouement, de prière et de sacrifices. Elle consultait, elle priait, elle attendait la lumière divine. Elle ne lui fit pas défaut.

Dans un voyage que Mlles de Sainte-Colombe firent à Lyon, elles eurent occasion d'entendre parler plusieurs fois de la Société de Marie-Réparatrice. Ce qu'on leur en dit frappa également ment les deux sœurs ; mais elles ne firent aucune question.

L'institut de Marie-Réparatrice, récemment fondé, ne possédant pas de maison à Lyon, Sylvie et Blanche durent quitter cette ville sans se procurer d'autres renseignements. Mais la pensée de cette Société ne les quitta plus et, bien des fois, elles firent des recherches pour la connaître davantage.

En 1866, elles vinrent avec leur tante se fixer en France, à Metz, pour l'éducation de leur frère qui fut placé au collège que les Révérends Pères Jésuites dirigeaient dans cette ville. Ce ne fut pas sans regret que les deux sœurs quittèrent leur terre de Suisse qui leur était si chère, leur ville de Fribourg tant aimée, leurs montagnes, leurs amis; mais ce déplacement était providentiel, elles ne tardèrent pas à le reconnaître.

Dès leur arrivée à Metz, elles se mirent sous la conduite des Pères de la Compagnie de Jésus. Il leur fut alors permis de communier plusieurs fois par semaine. Elles s'adonnèrent davantage à l'oraison mentale et aux autres exercices recommandés par les maîtres de la vie spirituelle.

Leur piété, alimentée à des sources si pures, ne tarda pas à prendre des accroissements nouveaux. A cette époque, Sylvie découvre dans sa voie spirituelle des horizons jusqu'alors inconnus : elle a appris à connaître saint Ignace, dont la devise : « Tout pour la plus grande gloire de Dieu, » va si bien à son âme généreuse; elle aime ce saint, elle l'admire et le prend pour maître.

A une telle école, son amour déjà si grand pour Notre-Seigneur ne pouvait qu'augmenter, ainsi que sa charité pour les âmes; elle est apôtre par ses prières, ses désirs, ses sacrifices, y joignant même la parole quand la chose est possible.

Elle avait dans son cœur des délicatesses d'amour ravissantes à l'égard de Notre-Seigneur; des attentions charmantes pour le prochain qu'elle aimait en Lui d'une charité très vive; mais malgré tant de douceur et de tendresse, elle ne comprenait pas qu'on pût allier l'amour de Jésus-Christ à une vie douce et commode; aussi traitait-elle son corps avec une sainte sévérité, et elle voulait être humiliée avec Jésus humilié. Elle s'adressait à un directeur qui ne ménageait pas son amour-propre. C'étaient pour elle des jours de triomphe que ceux où elle avait été reprise sans ménagement. Elle avouait à une de ses amies qu'un reproche, ou une parole humiliante était pour elle une source d'allégresse pour bien des jours.

Blanche se trouva providentiellement amenée à s'adresser au R. P. Sucher, qui avait une sœur dans la Société de Marie-Réparatrice. Elle lui parla de ses désirs de la vie religieuse, de l'attrait qu'elle et sa sœur avaient ressenti en entendant parler d'un institut récemment fondé, la Société de Marie-Réparatrice, des démarches infructueuses qu'elles avaient faites pour en avoir une connaissance plus complète... Le Père put lui donner à ce sujet de plus amples renseignements. Il conseilla aux deux sœurs de faire une retraite d'élection chez ces religieuses, afin d'étudier, dans le silence et la prière, la volonté de Dieu.

Mlles de Sainte-Colombe se rendirent en effet, au mois d'octobre 1867, dans la maison de Marie-Réparatrice à Strasbourg, pour y faire les Exercices spirituels de saint Ignace. Ce fut la Rév. Mère Marie de Sainte-Madeleine, une des premières filles de la vénérée fondatrice, qui

les assista pendant leur retraite. Elles y acqui-
rent la conviction que Dieu les voulait dans la
Société de Marie-Réparatrice. Tout leur plaisait : le but de l'institut, la réparation en
union avec Marie, — son esprit apostolique, —
son genre de vie mêlé de contemplation et d'action. L'adoration du très saint Sacrement et
les missions avaient, surtout pour l'aînée, un
charme irrésistible. — Enfin elles étaient heureuses de retrouver là les règles de la Compagnie
de Jésus qui leur était si chère.

Sylvie, nous l'avons dit, admirait et goûtait
la doctrine de saint Ignace : elle s'en pénétra,
s'en nourrit à loisir durant cette retraite de huit
jours, et, dès lors, la jeune aspirante concevait
une magnanime ambition, celle de se signaler
au service du divin Roi sous l'étendard de la
réparation, et de ne se laisser devancer par personne dans la pratique de la pauvreté, de l'humilité, de la mortification. Nous verrons comment elle fut fidèle à sa résolution.

Les deux sœurs auraient voulu, sans plus
tarder, dire adieu au monde et entrer au Novi-

ciat; mais malgré leur désir de se consacrer sans délai à Notre-Seigneur, elles durent retourner dans leur famille, afin d'y terminer certains arrangements.

Le comte de Sainte-Colombe, fort affligé de se séparer de ses chères filles, se résigna cependant, et eut la générosité de ne pas entraver leur vocation.

Ce temps d'attente ne fit que rendre plus vif leur désir de tout quitter pour suivre Jésus-Christ; mais, en même temps, il leur fit sentir d'une manière plus intime les déchirements de la séparation. Ce n'était pas sans regrets qu'elles laissaient ce père, ce frère si tendrement aimés, et cette tante si parfaite à laquelle la nature et la grâce les avaient unies par des liens pleins de douceur et de force.

Mais quand le Seigneur daigne appeler une âme, Il veut être obéi; tout doit céder devant la volonté divine. Il faut être comme Pierre et les autres Apôtres : « et laissant tout, ils le suivirent [1]. »

<hr>

[1] Saint Matthieu, IV, 22.

Sylvie et Blanche étaient dans ces dispositions de générosité. Leur vocation, du reste, ne
rencontrait aucun obstacle : leur père y avait
consenti ; leur tante endurait un vrai martyre
dans la pensée qu'elle devait se séparer de ces
deux chères enfants qui avaient été toute sa
joie ici-bas ; cependant elle se faisait un bonheur de les offrir à Dieu et d'unir son sacrifice
au leur.

III

ENTRÉE AU NOVICIAT.

LE 15 avril 1868, Sylvie et Blanche de Sainte - Colombe , après avoir consommé le sacrifice de la séparation, entrèrent au Noviciat de Marie-Réparatrice, à Strasbourg.

Cette maison était pleine de souvenirs précieux. C'était là que, onze ans auparavant, la baronne d'Hooghvorst et ses six premières compagnes avaient jeté les fondements de la Société en revêtant l'habit religieux, qu'elles reçurent des mains de S. G. Mgr Raess, dont la bienveillante hospitalité avait valu à sa ville épiscopale l'honneur d'être le berceau du nouvel institut [1].

Les deux sœurs furent accueillies avec la plus affectueuse charité par la Rév. Mère Marie de Saint-M..., qui était Supérieure de la maison et Maîtresse des novices, et reçues à bras ouverts par toutes celles qui allaient devenir leurs compagnes de noviciat.

Sylvie de Sainte-Colombe avait vingt et un ans. Tout dans son extérieur prévenait en sa faveur : elle était d'une taille élevée, pleine de distinction ; ses traits n'offraient rien de remarquable, mais naturellement gracieuse, elle charmait par l'affabilité de sa physionomie et la vivacité de son regard ; elle joignait à beaucoup d'expansion et d'abandon une discrétion et une réserve exquises.

[1] La Société de Marie-Réparatrice, dont la baronne d'Hooghvorst, née Émilie d'Oultremont, et plus tard appelée Mère Marie de Jésus, avait conçu l'idée, en 1854, le propre jour où Pie IX définissait le dogme de l'Immaculée Conception, après avoir été louée, approuvée à titre d'essai, par trois Brefs du Souverain Pontife Pie IX, juin 1864, octobre 1869 et mars 1873, reçut de Léon XIII sa consécration définitive le 18 avril 1883.

Blanche n'avait que dix-sept ans et demi ; moins grande que sa sœur, elle était plus régulièrement jolie. Intelligente, vive et sérieuse, elle possédait, comme son aînée, un grand dévouement et une volonté bien arrêtée de ne jamais calculer au service du divin Maître.

Une éducation solidement chrétienne avait, comme nous l'avons vu, préparé les deux sœurs à la vie religieuse. Pour elles, la famille avait été le vestibule du noviciat. Bien différentes de tant de jeunes filles qui voient, dès leur enfance, des parents faibles et sans conscience de leur devoir, flatter et encourager leurs défauts et leurs passions naissantes, Mlles de Sainte-Colombe avaient appris la lutte contre elles-mêmes et l'abnégation dès leurs plus jeunes années. Aussi ces premiers temps de vie religieuse, si laborieux pour les âmes qui ont à rompre avec tout un passé d'habitudes contraires, paraissaient ne leur offrir aucune difficulté. Elles purent, dès le début, se mettre généreusement à l'œuvre de leur sanctification, travailler à l'édifice qu'elles se proposaient d'élever en elles à la gloire du Seigneur Jésus.

Cependant, Sylvie et Blanche de Sainte-Colombe se considéraient très sincèrement comme dépourvues de toutes vertus, au milieu de leurs nouvelles compagnes qui leur apparaissaient comme des anges ; elles se regardaient comme très ignorantes, et ayant à apprendre de tout le monde. Elles étaient édifiées, consolées par tout ce qui s'offrait à leurs regards ; chaque acte de vertu qu'elles voyaient pratiquer se gravait dans leur souvenir pour ne plus s'en effacer, et, longtemps après, envoyées dans d'autres maisons, elles aimaient à rappeler les traits édifiants qui les avaient frappées dans les commencements de leur vie religieuse.

Le temps du postulat étant écoulé, les deux sœurs, toujours inséparables, furent admises à la prise d'habit. Ce fut le 16 juillet, fête de Notre-Dame du Mont-Carmel, qu'elles revêtirent les blanches livrées de Marie-Réparatrice, et échangèrent leur nom du monde contre celui que la religion leur donna. Sylvie reçut le nom de Marie de Saint-Rodolphe, et Blanche celui de Marie de Saint-Hilaire.

Deux mois plus tard, nous les trouvons encore ensemble au Noviciat de Toulouse, qu'elles devaient si profondément édifier, et qui garde encore aujourd'hui le souvenir de leurs aimables vertus. Nous en avons de nombreux témoignages.

Le Noviciat de Toulouse était alors composé d'une quinzaine de novices, toutes âmes généreuses qui rivalisaient entre elles de ferveur, de régularité, d'amour pour le sacrifice. Mais, dans cette réunion d'élite, les deux sœurs se firent vite remarquer : Marie de Saint-Rodolphe devint l'ange du Noviciat et son modèle; quoiqu'elle cherchât à fuir les regards, tous ceux de ses Sœurs étaient fixés sur elle comme sur le type accompli de la parfaite novice, telle que la demande et la veut la Société de Marie-Réparatrice.

Peu après leur arrivée, c'est-à-dire en septembre 1868, la retraite fut donnée à la Communauté par le R. P. Ginhac. Les enseignements de ce saint religieux, qui avait aidé si puissamment la vénérée Mère Fondatrice dans l'œuvre des Constitutions, étaient toute une formation religieuse. Marie de Saint-Rodolphe et Marie de Saint-Hilaire apprécièrent la grande grâce qui leur était offerte.

Elles avaient, l'une et l'autre, voué une tendre et spéciale dévotion à deux saints de la Compagnie de Jésus, qu'elles avaient pris pour patrons de leur noviciat et comme modèles de la perfection religieuse qu'elles se proposaient d'atteindre. Marie de Saint-Hilaire s'étudiait à marcher sur les traces de saint Louis de Gonzague; elle lisait et relisait sa vie, tâchant de se modeler sur ses exemples. Toutes ses Sœurs du Noviciat étaient frappées du sérieux avec lequel cette jeune novice comprenait et pratiquait la vie religieuse, surtout de son application soutenue à bien faire toutes choses, de son amour pour la règle et du soin scrupuleux qu'elle mettait à l'observer. En la voyant, elle faisait penser à l'angélique Louis de Gonzague.

Quant à Marie de Saint-Rodolphe, son type,

son idéal de sainteté était le bienheureux Berchmans. Elle s'appliquait à l'honorer et à reproduire ses gracieuses et fortes vertus. Elle le
priait avec ferveur et obtenait, par son intercession, tout ce qu'elle sollicitait; aussi conseillait-
elle à toutes ses Sœurs la dévotion à cet aimable
saint, et s'offrait à leur prêter la relique qu'elle
possédait et à faire avec elles des neuvaines en
son honneur. Elle aspirait sans cesse au plus
parfait, et le sacrifice était l'aliment de son existence : elle l'aimait, le voulait pour se rendre
plus semblable à son Maître crucifié.

Qui redira les industries et les délicatesses de
son amour envers Lui? Ses joies les plus douces
étaient de pouvoir converser et s'entretenir cœur
à cœur avec ce divin Maître; le temps de l'oraison lui paraissait trop court, et elle sollicitait
vivement la faveur de le prolonger. C'était surtout pendant le silence de la nuit qu'elle aimait
à prier; aussi était-elle heureuse de prolonger
ses adorations nocturnes et d'en obtenir de sup-
plémentaires. Le dimanche et les jours de fêtes,
elle ne pouvait s'éloigner du très saint Sacre-

ment, et passait à ses pieds tout son temps libre. Chaque matin, elle se hâtait de s'habiller afin d'arriver au plus vite à l'église, et d'être la première à saluer son Seigneur. En se levant, elle récitait le *Te Deum*; puis, à la visite, le *Credo*, la Consécration à la sainte Vierge, et renouvelait les quatre résolutions qu'elle avait prises, à l'imitation du bienheureux Berchmans, son modèle.

La première, de faire toutes ses actions purement à la gloire de Dieu, en action de grâces des bienfaits reçus et dans l'intention d'en obtenir toujours de nouveaux.

La deuxième, d'apporter une attention singulière au sujet de son examen particulier.

La troisième, de mourir plutôt que de commettre le plus petit péché ou de transgresser la moindre règle, de propos délibéré.

La quatrième, de vivre et de mourir dans la Société de Marie-Réparatrice.

Les récréations étaient, on peut le dire, le temps des triomphes de Marie de Saint-Rodolphe. C'est là qu'apôtre à son insu, elle montrait son humilité, sa charité, sa douce gaieté, et communiquait à son entourage les saintes ardeurs qui la consumaient.

Sa parole énergique, gracieuse, imagée, était éloquente quand elle parlait de Notre-Seigneur, des missions lointaines ou du martyre, son rêve par excellence. « Oh! que vous êtes heureuse, disait-elle parfois à une de ses compagnes, vous pouvez espérer les missions; mais moi, notre Mère m'a dit que je ne valais pas le voyage. » Elle espérait quand même, et reprenait : « Je ne désire pas d'y vivre, mais d'y mourir; pourvu que je puisse avant ma mort procurer le baptême à un seul petit noir et lui ouvrir le ciel, tous mes vœux seront satisfaits. »

Sa vertu de prédilection était l'humilité. Elle savait que l'édifice spirituel de la sainteté doit avoir ses fondations comme les édifices terrestres, et qu'il faut les creuser d'autant plus profondes que l'édifice doit être plus élevé : c'est pourquoi Marie de Saint-Rodolphe avait la vertu d'humilité en estime particulière. De son côté, Notre-Seigneur, qui la destinait à une haute perfection, l'avait fait pénétrer bien avant dans la connaissance et le mépris d'elle-même. Il lui avait communiqué des lumières très vives sur l'état dégradant de notre pauvre nature déchue et sur ses propres misères. Aussi s'entretenait-elle habituellement de basses pensées d'elle-même, et désirait-elle sincèrement que la mauvaise opinion qu'elle avait de sa personne fût partagée par les autres.

Elle appelait l'humiliation de tous ses vœux, priant pour que son âme ne fût pas privée un seul jour de ce pain, très substantiel pour toutes, mais pour la sienne exceptionnellement savoureux. Un œil un peu attentif aurait pu distinguer facilement les jours où le Maître avait exaucé les vœux de sa servante : ces jours-là, Marie de Saint-Rodolphe était radieuse de bonheur. Elle suppliait sa Maîtresse, ses compagnes de la reprendre de ses défauts, promettant à celles-ci des prières en échange de ce bon office. Mais on ne pouvait que lui reprocher son ardeur trop grande, qui la portait à se fatiguer plus que ses forces ne semblaient le lui permettre. Elle demandait et recherchait les emplois bas et humiliants, et témoignait sa joie lorsqu'ils lui étaient accordés. L'humilité se reflétait si bien dans toutes ses paroles, dans toutes ses actions, dans toute sa personne, que ses compagnes l'avaient surnommée la Violette du Noviciat.

De toutes les vertus morales, l'humilité est, sans contredit, celle qui rencontre le plus d'opposition dans notre nature : elle coûte beaucoup à toutes les âmes, et ce ne fut pas sans effort que Marie de Saint-Rodolphe parvint à la posséder. Elle eut à lutter contre une grande fierté naturelle qui, jointe à une délicatesse exquise de sentiments et à beaucoup de vivacité, devait provoquer en elle de fréquentes révoltes, et lui donner même des occasions de s'indigner, là où il n'y en aurait pas eu pour d'autres. Mais son âme vaillante aimait les combats, et l'*Agenda contra* de saint Ignace était son mot d'ordre habituel. Peu ont été aussi constamment fidèles à se vaincre en tout et toujours.

Sa mortification des sens était remarquable, ainsi que son amour pour le silence ; et tout cela se faisait gracieusement, naturellement, sans contrainte. Ses Sœurs du Noviciat admiraient son application constante à garder les *Règles* dites *de la Modestie*, et se plaisaient à la considérer en certaines circonstances, où il semblait qu'elle eût pu déroger à ses habitudes. Une fois entre autres, pendant le repas, au réfectoire, un tableau étant venu à se décrocher, tomba non loin de Marie de Saint-Rodolphe ; naturellement tous les regards se tournèrent de ce côté. Mais la novice resta les yeux baissés et sans paraître s'apercevoir de ce qui se passait autour d'elle. A la récréation suivante, on l'en plaisanta, en lui disant que tout pourrait s'écrouler à ses côtés sans qu'elle y prît garde et sans que rien pût la faire sortir de son recueillement.

Elle cherchait d'ailleurs à se mortifier en toutes choses, et craignait de se donner la moindre satisfaction. Dans ses repas, elle prenait toujours ce qui lui paraissait le moins bon, et en si petite quantité, que ses supérieures étaient obligées de veiller constamment sur elle, afin de lui faire prendre ce qui était nécessaire pour soutenir sa

faible santé. Son attrait pour les pénitences cor-
porelles ne peut se rendre, elle aurait voulu réunir en elle toutes les souffrances possibles, afin
de se rendre plus conforme à Jésus souffrant.

Mais si les grandes pénitences ne lui étaient
pas toujours permises, elle ne négligeait pas
celles qui se trouvaient sur sa route, et se dédom-
mageait en se jetant à corps perdu dans la pratique de la mortification intérieure.

Elle avait une imagination ardente et mobile
qu'elle devait, comme elle le dit elle-même,
« brider sans cesse pour la ramener doucement
vers Jésus. » Elle avait un cœur doué d'une
puissance d'aimer peu commune, dont elle suivait tous les mouvements, afin qu'ils fussent pour
Dieu seul; enfin, elle voulait à tout prix, pour
nous servir de ses expressions, « tuer son moi,
saccager sa nature. »

Combien l'entreprise était difficile, ses notes
nous le révèlent : elle dut souffrir et travailler
longtemps pour se dégager de ce qu'elle appelle
« sa vie de souvenirs. » C'est à plusieurs années
de distance que nous trouvons, pour la dernière

fois, les traces de ces saintes luttes que termi- nait sans doute alors une victoire définitive :

« Je vous prie, ô mon Jésus, de me détacher, de me dégager, de me dépouiller vous-même, car je n'aurai jamais la force de le faire, et pourtant je le désire; donnez-moi votre amour, faites- moi pauvre de tout le reste... mettez mon cœur à la misère... Je vous fais héritier de toutes mes affections, prenez tout... mon frère, mes parents, mes amis, mes montagnes. Seigneur, vous m'avez permis de les aimer, vous désirez que je les oublie !... que votre sainte volonté soit bénie ! Je m'y soumets avec amour, en vous offrant tout le sang de mon cœur. Venez prendre pos- session de cette pauvre petite demeure si dé- nuée, si misérable, elle est toute à vous... Et vous, mon Jésus, vous êtes mon trésor, mon amour, mes délices, ma joie, ma richesse et le tout de mon cœur. Quand le démon viendra, je vous l'enverrai, car je ne déloge ces affections si chères que pour les placer dans votre Cœur où elles seront mieux aimées... Mon Dieu, mon amour, sauvez leurs âmes, je vous en conjure par votre précieux Sang, la plaie de votre Cœur, les larmes de votre Mère. »

Cependant Notre-Seigneur, touché de la générosité de sa fidèle servante, daignait parfois seconder et encourager sensiblement ses efforts. Un jour que, pendant la récitation de l'Office, son imagination l'avait emportée vers la patrie absente, vers la seconde mère qu'elle y avait laissée, ses yeux s'étant tournés vers le très saint Sacrement exposé, il lui sembla voir un rayon partir de l'ostensoir et se diriger vers elle, pendant que le chœur psalmodiait ces paroles du psaume XLIVe : « Ecoutez, ma fille, voyez et prêtez l'oreille : oubliez votre peuple et la maison de votre père, et le Roi sera épris de votre beauté, car il est le Seigneur votre Dieu. » Frappée au cœur, Marie de Saint-Rodolphe avait compris que Notre-Seigneur voulait lui être tout, et on l'avait vue, à dater de ce jour, plus fidèle encore à sacrifier sans cesse à son Dieu les souvenirs de la patrie et ses plus chères affections, pour n'aimer plus rien qu'en Lui et pour Lui seul. En voici un exemple : elle avait la permission de voir sa sœur en particulier, une demi-heure par semaine ; elle s'ingéniait à trouver des moyens d'abréger ce temps, ce qui n'était pas toujours du goût de Marie de Saint-Hilaire ; mais elle l'amenait doucement à faire aussi ce sacrifice.

Les compagnes de Marie de Saint-Rodolphe l'admiraient, mais elles l'aimaient plus encore, car le Maître l'a dit : « Bienheureux ceux qui sont doux, car ils possèderont la terre [1], » c'est-à-dire, suivant une interprétation, ils attireront à eux tous les cœurs. Marie de Saint-Rodolphe devait participer à cette béatitude dans la mesure de sa douceur : or, on peut dire qu'elle paraissait sans bornes. Elle aimait grandement ses Sœurs et cherchait toujours à leur rendre service, à leur faire plaisir ; elle avait pour toutes des délicatesses, des attentions exquises. En récréation, elle se plaisait à disposer tous les sièges pour ses compagnes, à leur apporter tous leurs paniers de travail ; manquait-il quelque

[1] Saint Mathieu, v, 4.

chose à l'une d'elles, avant même que celle-ci eût pu s'en apercevoir, elle s'était déjà mise en mesure de le lui procurer. En voyait-elle quelqu'une qui paraissait fatiguée, elle s'offrait aussitôt pour l'aider ou la remplacer dans sa charge. Il semblait que son bon ange, voulant seconder sa charité, l'avertît de toutes les occasions où elle pouvait faire du bien à une de ses compagnes, car il est impossible de concilier, sans une intervention céleste, cette modestie parfaite qui semblait ne rien voir, et cette vue, cette intuition que lui donnait la charité sur tous les besoins et sur toutes les souffrances de ses Sœurs.

Se dévouer, se fatiguer à leur service, était un besoin de son cœur; aussi ne négligeait-elle aucune occasion de se procurer ce qu'elle ambitionnait si fort. Une Sœur coadjutrice se rappelle toujours avec attendrissement les soins dévoués qu'elle lui prodigua dans une circonstance : elles étaient novices l'une et l'autre, quand il arriva à cette Sœur d'avoir au doigt un panaris qui la fit beaucoup souffrir. Marie de Saint-Rodolphe sollicita et obtint de la Maîtresse des novices la permission de la soigner, ce dont elle s'acquitta avec la plus délicate charité. Quoique l'on fût en hiver et que le froid se fît vivement sentir, elle n'hésitait pas à se lever toutes les nuits, et quelquefois plusieurs fois, pour voir ce que devenait sa malade. Comme elle savait que ses souffrances ne lui permettaient pas de rester toujours couchée, et craignant qu'elle se laissât saisir par le froid, elle lui apportait une de ses couvertures pour la couvrir, et ne la quittait que lorsqu'elle la voyait plus calme et souffrant moins vivement.

Bien différentes de ces personnes qui, à la manière du Pharisien de l'Évangile, ne voient que des défauts dans les autres, Marie de Saint-Rodolphe ne voyait que des vertus dans ses Sœurs. Elle aimait à les offrir au divin Maître, ainsi que leurs mérites, afin de suppléer, par cette offrande d'un bien de communauté, à sa pauvreté personnelle qu'elle croyait si grande.

Une des premières résolutions qu'avait prises Marie de Saint-Rodolphe, dès son entrée au

Noviciat, avait été celle-ci : être fidèle en tout et toujours à la règle; comme le bienheureux Berchmans, elle redisait : « Plutôt être mise en pièces que de transgresser la moindre règle. » Toutes celles qui ont vécu avec elle rendent témoignage de la fidélité avec laquelle elle a rempli son engagement. Un oubli, un manquement involontaire à quelque prescription, à la moindre observance, étaient pour la fervente novice le sujet d'une peine très vive. Une fois étant réglementaire, elle pleura amèrement le retard qu'elle avait mis à sonner un exercice de communauté.

Le zèle des âmes la consumait : elle priait, se mortifiait, était heureuse de souffrir pour la conversion des pécheurs, des infidèles, des hérétiques, pour la persévérance des justes. Elle ne comprenait pas qu'on pût hésiter devant un sacrifice à accomplir, en pensant qu'il pouvait être utile à une âme; et, pour encourager ses Sœurs dans leurs souffrances, elle leur disait de les offrir pour les pauvres pécheurs.

Elle appréciait grandement le bienfait de la

vocation religieuse; elle eût voulu le procurer à un grand nombre d'âmes. Elle ne cessait de prier Notre-Seigneur qu'il donnât beaucoup d'ouvriers apostoliques à son Église et beaucoup d'épouses à son divin Cœur. Sa joie était grande à l'arrivée d'une nouvelle postulante; elle ne savait comment exprimer aux nouvelles venues son contentement. Elle s'intéressait vivement à tout ce qui touchait son Institut, qu'elle aurait voulu voir se répandre par toute la terre. C'était le même sentiment d'amour pour sa famille religieuse qui lui faisait goûter tant de bonheur dans les visites que la vénérée Mère Fondatrice faisait à la Maison de Toulouse. Les novices étaient tout heureuses quand elles pouvaient la posséder parmi elles pendant les récréations, et entendre quelqu'une de ses conférences. Elle savait si bien leur parler de Notre-Seigneur, leur faire apprécier et aimer leur vocation, qu'elles sortaient tout embrasées de ses exhortations, et pouvaient se dire les unes aux autres, comme les disciples d'Emmaüs : « Notre cœur n'était-il pas tout de feu pendant qu'elle nous parlait? [1] » Marie de Saint-Rodolphe recueillait avec respect les paroles qui tombaient de cette bouche vénérée, et souvent les consignait par écrit; ses petits cahiers de notes en contiennent un grand nombre.

[1] Saint Luc, XXIV, 32.

IV

PREMIERS VŒUX. — RETOUR EN SUISSE.

ES deux sœurs touchaient au terme de leur noviciat. Comme elles avaient pleinement réalisé les espérances que les Supérieures avaient conçues dès leur entrée dans la vie religieuse, la Société était heureuse de se les attacher sans retard par l'émission des premiers vœux, dès que les deux années de leur probation seraient complètes.

La cérémonie fut fixée au 16 juillet 1870 ; les dix jours précédents se passèrent dans la retraite suivant la Règle. Malheureusement les notes que prit, à cette époque si mémorable de sa vie, la Mère M. de Saint-Rodolphe, n'ont pas été retrouvées. Mais, si son âme est demeurée un jardin fermé pour tout autre que pour le divin Maître, son extérieur a parlé ; et toutes celles qui la virent alors ne pourront oublier l'impression céleste qu'elles éprouvèrent en la voyant pendant ce temps toute plongée en Dieu et paraissant étrangère à ce qui l'entourait ; car, plus approchait l'heure où elle devait se consacrer au divin Maître par les vœux de religion, plus ses désirs de lui appartenir grandissaient. Ce bonheur intime elle le laissait, à son insu sans doute, mais librement cependant, se trahir sur son visage. Le 15 juillet au soir, M. de Saint-Rodolphe entra à la chapelle, pour la visite qui suit le repas, quand déjà presque toutes ses Sœurs étaient agenouillées dans leurs stalles. A la vue de l'autel délicieusement paré, de la table où étaient déposés le voile des professes, le crucifix et le cœur, tous les emblèmes dont on devait la couvrir le lendemain comme une victime immolée à Jésus, elle ne put contenir sa joie : son regard s'illumina et toute sa personne parut aux yeux de toutes comme inondée de bonheur.

Nous pensons que ce fut à cette époque, sinon même auparavant, durant son noviciat, qu'il fut permis à la Mère M. de Saint-Rodolphe de faire le vœu de ne jamais commettre de péché véniel de propos délibéré. Ce qui est certain, c'est qu'elle le fit ce vœu qui demandait d'elle une constante fidélité, et qu'elle le renouvelait souvent. Voici ce que nous trouvons, deux ans plus tard, dans ses notes de retraite : « Le matin, en me levant, remercier Dieu d'avance des grâces qu'il m'accordera dans la journée. A la visite, renouveler mes vœux, surtout celui de ne commettre aucun péché véniel de propos délibéré, et demander bien humblement à Notre-Seigneur sa bénédiction et la grâce d'avoir une vraie et profonde horreur pour le péché, et un ardent amour pour Lui. »

Enfin elle se leva l'aurore du 16 juillet 1870, et le matin de la fête de Notre-Dame du Mont-Carmel fut témoin de la généreuse et complète donation des deux sœurs au divin Maître. Leur joie fut vivement partagée par toutes leurs compagnes, dont elles avaient à un haut degré l'estime et l'affection. Ce jour-là et les suivants, Marie de Saint-Rodolphe était transfigurée ; son amour toujours si grand pour le divin Maître se traduisait en paroles de feu. Elle était impuissante à contenir sa joie ; mais ce sont surtout les accents de la reconnaissance qui s'échappent de son cœur. Écoutons-la :

« J'ai senti une profonde reconnaissance de ce que Notre-Seigneur m'a appelée à la vie religieuse, à Marie-Réparatrice surtout. Je suis heureuse d'être l'enfant de la Société, je l'aime de toute la force de mon cœur ; j'éprouve un immense bonheur à penser que tous les instants de ma vie s'écouleront dans son sein et aux pieds de Jésus... Comment comprendre la grandeur de ce bienfait ?... la beauté de ma vocation ?... Que rendrai-je à Jésus, à la Société, en action de grâces ?... Je sens le besoin de me dépenser, de me dévouer pour elle ; de lui donner mon sang, ma vie, tout enfin, *tout,* jusqu'à la mort, sans cesse. »

Aux allégresses allaient succéder les douleurs : c'est la loi de cette vie d'expiation et d'épreuve que nous avons à passer sur la terre. Quatre jours seulement après le 16 juillet, Marie de Saint-Rodolphe et Marie de Saint-Hilaire quittaient leur cher Noviciat; elles se séparaient de ces Mères, de ces Sœurs tant aimées; elles étaient envoyées à Paris où nous les voyons d'abord réunies dans la Communauté de la rue de Calais; puis, quelques semaines après, séparées pour la première fois : la Mère M. de Saint-Rodolphe fait partie de la Communauté de la rue de Vaugirard.

Mais nous n'aurions pas parlé de douleurs, s'il ne se fût agi que de ces sacrifices qui, sans cesse, sont à l'ordre du jour dans les communautés, et que l'âme vraiment religieuse accepte volontiers, en dépit de la nature qui en souffre peut-être.

Une époque de douleurs réelles, immenses, venait de s'ouvrir pour la France, avec la guerre. A peine commencée, cette guerre de 1870 avec la Prusse prit aussitôt un caractère alarmant pour la France : chaque combat était une victoire pour l'ennemi, chaque bataille un désastre pour notre patrie; et enhardis par leurs succès, les Prussiens s'avançaient vers Paris, presqu'assurés de la victoire.

Devant la perspective du siège de Paris, la vénérée Mère Fondatrice, dont le cœur saignait déjà si profondément à la pensée des périls continuels auxquels étaient exposées ses filles pendant le siège de Strasbourg, donna l'ordre aux communautés de la rue de Calais et de Vaugirard de se disperser momentanément. Les Supérieures restèrent seules, avec quelques Sœurs âgées, pour garder les maisons. Les autres Mères et Sœurs furent envoyées dans les diverses villes de France et de Belgique, où la Société possédait des établissements.

Mlle d'Odet devinant par ses propres angoisses celles de la Mère Générale, lui offrit un toit hospitalier où ses nièces, et d'autres de ses filles qu'elle voudrait leur adjoindre, pourraient se retirer pendant la tourmente. La vénérée Mère accepta l'offre avec reconnaissance, et les deux sœurs se mirent en route pour la Suisse, en compagnie de deux Mères et de plusieurs Sœurs coadjutrices. La petite communauté vint prendre possession des Râppes, en septembre 1870.

Si le cœur de Marie de Saint-Rodolphe eût été moins brisé, à la pensée des maux de la France et de la séparation d'avec sa famille religieuse, il aurait tressailli d'aise en revoyant ces montagnes de Suisse qui lui étaient si chères, en se retrouvant dans ces lieux où s'étaient écoulés les jours de son enfance.

La tante et les deux nièces rivalisèrent d'attentions et de prévenances pour rendre aussi agréable que possible à leurs compagnes le temps de leur exil. Elles possédaient aux Râppes Celui dont la présence fait de tous les lieux une patrie : le divin Maître avait sa demeure, son tabernacle sous leur toit. A toutes les heures du jour et de la nuit, elles pouvaient le visiter, lui offrir leurs ardentes supplications pour la France. Elles avaient également la consolation d'avoir tous les matins, dans leur petite chapelle, le saint Sacrifice de la messe. Nos exilées pouvaient donc continuer leur vie d'adoration, de réparation, de recueillement.

Mais voici qu'un nouveau théâtre devait s'offrir à leur dévouement, et qu'un genre de vie tout différent allait être le leur.

Après la déroute du général Bourbaki, nos malheureux soldats s'étaient jetés en Suisse ; les pauvres blessés étaient répandus dans toutes les principales villes du pays. Fribourg en eut sa bonne part. Bientôt le nombre des personnes généreuses, qui s'étaient offertes à leur prodiguer des soins, fut insuffisant pour remplir la tâche qui leur incombait. A 4 kilomètres de Fribourg, et à 1 kilomètre des Râppes, est située l'ancienne abbaye d'Hauterive. Placée dans une gorge, et séparée par la Sarine d'un amphithéâtre de rochers couverts de forêts, cette abbaye offre un site sauvage bien propre à la méditation. Elle fut fondée, en 1137, par Guillaume, comte de Glâne, qui y prit l'habit de frère convers. Son père et son oncle ayant péri dans une conjuration qui enveloppa le duc de Bourgogne et tous les seigneurs du pays, le jeune comte de Glâne, dégoûté des choses de ce monde, fit démolir son château-fort et employer les matériaux à construire cette abbaye, qu'il donna aux moines de Cîteaux. Il paraît que saint Bernard s'y arrêta dans l'un de ses voyages; on montre encore la cellule qu'il y occupa.

Or, cette illustre abbaye, transformée en école normale depuis 1848, se trouva tout à coup, au mois de février 1871, remplie de soldats français. Ce lieu désert pouvait convenir, en effet, pour des fugitifs internés; mais il convenait moins pour des blessés et des malades. Ils y étaient cependant au nombre de trois cents, et personne n'osait affronter les difficultés qu'offrait le service de ce vaste hôpital. Quelle vie dans cette demeure isolée au milieu de tant de soldats ! Comment, si loin de la ville, pendant l'hiver, se procurer les ressources nécessaires ? Dans cet embarras, M. de Reynold de Peyrolles, qui était chargé de diriger l'internement d'Hauterive, s'adressa aux religieuses des Râppes. Celles-ci, sans rien objecter, s'empressèrent de répondre à cet appel, et les Mères Marie de Saint-Rodolphe, M. de Saint-Hilaire et M. de Saint-Jean, deviennent Sœurs de Charité à l'hôpital militaire d'Hauterive. Tout était à créer :

infirmerie, lingerie, pharmacie, etc. En peu de temps, le service fut organisé, et on vit les trois Réparatrices, étonnées de se voir infirmières, préparer les remèdes, faire les pansements, assister et veiller les malades comme des religieuses exercées à la vie d'hospitalières. Elles-mêmes habitaient ensemble une petite chambre froide, voisine de la salle des malades atteints de la variole noire. Le docteur Pegaitaz, attaché à l'ambulance, écrit qu'il ne peut se rappeler leur dévouement sans en être ému. Mais écoutons un interné rendant compte, treize ans après, de ses impressions d'alors [1] :

« Vous m'annoncez la fin de deux personnes que tous, dans le 47ᵉ de marche, nous avions en grande vénération ; je veux parler de nos courageuses et dévouées gardes-malades. Cette nouvelle m'a d'abord bien attristé ; mais je n'ai pas tardé à changer d'avis et à penser que la Provi-

[1] Lettre de M. Chamel, du 47ᵉ de marche, ancien interné à Hauterive, adressée le 27 janvier 1884 à M. l'abbé Horner, recteur du collège Saint-Michel, à Fribourg, aumônier de l'abbaye d'Hauterive en 1871.

dence n'avait été que juste envers ces excellentes personnes, en abrégeant pour elles le temps de l'épreuve, en leur donnant prématurément la couronne des saints; car je suis convaincu qu'il y a au ciel deux âmes de plus qui prient pour ces pauvres Français qu'elles servaient jadis avec tant d'abnégation et de douceur.

« Mais le souvenir de ces saintes personnes m'a, depuis votre lettre, occupé bien des fois l'esprit et ramené à mon séjour à Hauterive qui a duré sept semaines, à partir du 7 ou 8 février 1871. Je vois encore ce cloître imposant, au fond d'une solitude où nous avions été internés, et séparés dès le premier jour de nos officiers, même de notre général, M. Ségard, aujourd'hui colonel à Tulle, au service duquel j'avais été spécialement attaché, en qualité de secrétaire.....

« . . . .

« Au premier étage, et les fenêtres donnant vers le milieu de la façade principale, se trouvaient de grandes salles, anciens salons de réception. L'une de ces chambres servait de

3

logement à Mmes de Sainte-Colombe, nos deux anges préposés à la garde de l'infirmerie, installée dans les trois autres chambres. Je vois encore ces dames, grandes, élancées, à la démarche noble, à la physionomie douce et sereine. Je me souviens encore de l'embarras d'un grand nombre qui, en parlant à ces dignes infirmières, ne savaient s'il fallait les désigner par leurs noms de dames ou leurs noms de religieuses. Tandis que, dans la vaste abbaye, chacun s'occupait bruyamment pour le devoir ou l'agrément, elles ne quittaient point les salles de l'infirmerie où les malades laissaient exhaler qui sa mauvaise humeur, qui une haleine empestée par la fièvre. La seule diversion à leur surveillance était l'assistance à la messe, dite par l'aumônier, dans l'église de l'abbaye. Dans ce sanctuaire, où j'ai eu plusieurs fois l'honneur de me trouver avec ces saintes personnes, leur tenue était si édifiante, leur air si majestueux, que l'on était tenté de les comparer à ces grandes princesses chrétiennes de l'école de Blanche de Castille et d'Élisabeth de Hongrie. Et la preuve que le portrait qu'a conservé d'elles ma mémoire est exact, c'est qu'il fallait effectivement le dévouement religieux et une haute éducation pour accomplir la tâche qu'elles s'étaient imposée : dévouement religieux pour soigner de jeunes hommes arrivés, par les souffrances, les privations et les nombreuses étapes parcourues, au dénûment le plus complet, à la misère la plus repoussante, et, pour la plupart, dans un état de saleté abominable et couverts de vermine ; et les soigner, alors que ces malades étaient atteints de fièvres contagieuses, que d'autres, dont les instincts mal cultivés, étaient encore surexcités par la douleur ; et enfin, pour faire face à pareille tâche comme le faisaient ces dames, dont les traits étaient rayonnants de douceur et d'angélique bonté. Haute éducation, je le répète, pour trouver à chaque instant du jour, au milieu d'une organisation nécessairement incomplète, les ressources nécessaires à tous ces chers malades, et leur inspirer, ainsi qu'à tous leurs camarades bien portants, parmi lesquels elles vivaient, ayant à peine un petit réduit pour elles-mêmes,

le respect profond dont elles étaient entourées, et qui ne leur a pas fait défaut un seul
instant.

« Les gardiennes voilées de nos hôpitaux mili-
taires sont bien dignes d'admiration ; mais leurs
heures sont réparties, aussi bien que possible,
entre le travail, la récréation et la prière ; puis
elles se retrouvent, sous l'habit commun, à table,
ou à la récréation pour échanger une pensée,
entendre une lecture ; et enfin, les hôpitaux sont
aménagés pour cela : il y a des buanderies, des
bains, une lingerie, etc. Les infirmières d'Hauterive n'avaient rien de tout cela : elles vivaient
dans une caserne, ce qui est très pénible pour
des personnes douées de sens délicats ; elles
devaient elles-mêmes préparer leurs aliments et
ceux de leurs malades, vivre jour et nuit à côté
d'eux, et souvent privées même de la promenade
dans le préau, que l'on accorde à tout prison-
nier, car toutes les dépendances de l'abbaye
étaient envahies par les soldats. Elles n'avaient
ni conversation, ni récréation, car si l'une inter-
rompait le service, l'autre devait la remplacer ;

enfin, elles n'avaient pas même la consolation de porter le costume religieux.

« On pourrait citer les noms de bien des femmes qui se signalèrent par leur dévouement lors de ce malheureux internement, depuis la grande dame, qui installait nos pauvres camarades dans ses propres appartements, ou portait sur la route, suivie d'une servante, des vivres aux troupes de passage, jusqu'à l'humble paysanne qui, devant loger et nourrir plusieurs d'entre nous pour une nuit, ramassait les haillons sordides le soir avant le coucher, les lavait pendant la nuit, de manière à donner du linge blanc aux hôtes d'une nuit avant leur départ. Mais les auteurs de tant d'ingénieuse générosité avaient sur les héroïnes d'Hauterive l'avantage de pouvoir alterner ces soins pieux avec leurs occupations habituelles, et de vivre quand même de leur même vie, ou à peu près, et d'être enfin soutenues dans leur tâche par le sourire des leurs.

« Ah! il appartenait à votre patrie de donner à notre armée de 80,000 hommes en déroute, l'exemple d'une charité idéale et de foyers vraiment chrétiens ; mais au milieu d'actes si beaux que j'ai pu contempler et dont je garderai toujours le souvenir, l'image de nos deux infirmières d'Hauterive m'apparaît plus grande encore, parce que, pour moi, leur conduite résumait tout ce qu'on peut rêver de plus grand dans la vertu. J'ai, d'ailleurs, de bonnes raisons pour croire qu'en parlant comme je le fais, je ne suis que l'interprète de tous ceux de mon régiment qui existent encore. »

. . . .

La vie si bien remplie de nos Réparatrices ne leur faisait pas oublier le triste état de la France, dont les nouvelles étaient navrantes ; ni leur famille religieuse avec laquelle les communications étaient devenues très difficiles, presque impossibles ; ni les avantages de la vie régulière dont elles étaient privées ; toutes ces souffrances pesaient bien fort sur l'âme des pauvres exilées. Mais c'était l'heure des grands sacrifices, des généreuses réparations. En ce moment, les âmes dévouées sentaient le besoin de s'immoler, pour apaiser la divine Justice qui châtiait si cruellement notre malheureuse patrie. Celles-ci, vouées par état à réparer pour les crimes du monde, ne pouvaient que remercier Dieu de la part du calice qui leur était donnée.

Les compagnes de la Mère Marie de Saint-Rodolphe disent que, pendant tout le temps de son séjour en Suisse, elle ne cessa de les édifier par sa profonde humilité qui la portait à s'effacer et à prendre pour elle tout ce qu'il y avait de plus pénible. Elles ne savent surtout comment rendre les délicatesses de sa charité, toujours ingénieuse à trouver des industries pour faire plaisir à ses Sœurs. La Mère Marie de Saint-François de Borgia, déjà avancée en âge et qui avait supporté toutes les privations du siège de Strasbourg, brisée par les émotions continuelles au milieu desquelles elle avait vécu, tomba malade et fut spécialement l'objet de ses soins les plus assidus et les plus dévoués.

Dès que les temps devinrent meilleurs, toutes les exilées furent rappelées, et la vie de communauté reprit son cours. Les deux sœurs furent envoyées en Belgique. Après un court séjour à Liège, Marie de Saint-Rodolphe, séparée de sa sœur, vint à Tournai, où son cœur se mit à savourer l'immense bonheur de se retrouver dans sa chère famille religieuse et de reprendre tous les exercices de la vie régulière de communauté.

V

A NANTES.

ARIE de Saint-Rodolphe avait souvent exprimé le désir d'être envoyée en fondation, afin d'éprouver davantage les effets de la sainte pauvreté et d'avoir plus à se dépenser au service de ses Sœurs. Ses vœux devaient être exaucés. Elle fut choisie pour la fondation de Nantes, où elle arriva dans les premiers jours d'octobre 1871.

Comme elle se l'était promis, elle paya bien de sa personne dans les travaux de l'emménagement. Il fallut plus d'une fois modérer son ardeur. Son esprit de sacrifice trouva aussi son compte dans les privations de toutes sortes, qui

3.

s'imposent dans les commencements d'une communauté. La plus sensible fut sans contredit celle du très saint Sacrement dont la maison était vide, et qu'il fallait aller trouver, non pas aussi souvent qu'on l'aurait désiré, dans l'église voisine. Marie de Saint-Rodolphe se faisait de toutes ces choses pénibles des sujets de joie ; on ne la vit jamais ni plus aimable ni plus gaie.

Ce fut le 18 octobre que Mgr Fournier, évêque de Nantes, fit la bénédiction de la nouvelle chapelle. Si tous les cœurs étaient heureux en voyant un autel de plus, dressé à la gloire du Seigneur, et en pensant aux continuels hommages qu'il allait recevoir dans ce sanctuaire, aucun cependant ne surpassait en saintes ardeurs celui de Marie de Saint-Rodolphe. Elle était fière d'avoir été choisie pour être une des premières adoratrices du divin Roi, et ambitieuse de se signaler à son service, par son amour et la générosité de ses réparations.

Les vertus de la Mère Marie de Saint-Rodolphe, qui avaient jeté un si vif éclat, dès l'aurore de sa vie religieuse, parmi ses Sœurs du Noviciat, s'épanouissaient et grandissaient tous les jours ; elle était pressée et aiguillonnée par la grâce qui avait hâte de terminer son œuvre en elle. Cette âme avait le pressentiment que sa course ici-bas serait rapide ; nous lisons en effet dans ses notes : « Travailler beaucoup, souffrir beaucoup, aimer sans mesure ; ma vie sera courte, il faut me presser. »

Elle se hâtait donc, travaillant le plus possible, recherchant les humiliations, les croix, comme dans le monde on recherche les plaisirs et les honneurs, et aimant Notre-Seigneur comme elle savait aimer. Plus elle s'approchait de Dieu par l'amour et la générosité, plus elle se connaissait et se méprisait elle-même et aurait voulu être méprisée des autres.

La première charge qui lui fut confiée dans la Communauté de Nantes fut celle de Maîtresse de santé ; comme elle répondait bien à sa soif de dévouement et de charité ! Elle se multipliait pour prodiguer ses soins aux malades et soulager la Sœur Infirmière en faisant elle-même ce qu'il y avait de plus bas et de plus fatigant dans cette charge. Mais, si sa charité la rendait ingénieuse pour préserver ses Sœurs de la souffrance, sa mortification ne la rendait pas moins habile pour se faire souffrir elle-même. Dans une circonstance, on avait dû lui mettre un vésicatoire ; contrairement à la pratique dont elle n'était pas ignorante, elle le garda deux jours pour souffrir plus longtemps. Après l'avoir enlevé, elle ne prit aucune précaution et remit la laine sur l'endroit malade, ce qui produisit une grande inflammation et forma une plaie. Cependant elle allait au chœur, faisait ses adorations comme à l'ordinaire, revêtue de son long manteau que ses épaules endolories devaient trouver bien lourd. Enfin, la Mère Supérieure, qui connaissait sa mortification, lui trouvant les traits plus fatigués que de coutume, lui demanda : « Marie de Saint-Rodolphe, êtes-vous tout à fait quitte des suites de vos vésicatoires ? » Elle répondit assez déconcertée : « Je souffre un peu, mais ce n'est rien. » La Mère Supérieure voulut voir par elle-même ce que cette chère enfant appelait « souffrir un peu. » Elle fut effrayée en voyant ses épaules entièrement au vif, avec une irritation des plus violentes. On l'obligea à se soigner ; elle fut toute triste d'avoir perdu cette occasion d'endurer quelque chose pour Notre-Seigneur.

Une autre fois, la Mère Supérieure visitant la chambre de la Mère Marie de Saint-Rodolphe trouva la discipline, dont il lui était permis de faire usage, armée de pointes de fer. Elle la prit, et la montrant à sa propriétaire, lui dit : « Je suis étonnée, mon enfant, qu'une religieuse obéissante comme vous l'êtes ait fait cela sans ma permission. » — Marie de Saint-Rodolphe avait cru pouvoir le faire. — C'était un excès, mais comme les saints en commettent. Pour satisfaire leur soif d'immolation, tout leur sert ; et Dieu permet quelquefois que la pensée ne leur vienne même pas qu'ils vont au delà de la limite prescrite.

La charge d'économe, que la Mère Marie de Saint-Rodolphe exerça bientôt après, fit admirer sa parfaite égalité d'humeur et sa patience. Comme en ces commencements on était logé à l'étroit, beaucoup d'objets de la sacristie avaient été déposés dans sa cellule. Tous les matins donc, pendant qu'elle était occupée à ses comptes, elle était à chaque instant dérangée par la sacristine, qui venait prendre ce dont elle avait besoin pour orner l'autel. Celle-ci se retirait tout édifiée de la charité de la Mère Économe qui lui répondait avec le plus bienveillant sourire, sans paraître jamais contrariée de la fréquence de ses visites.

Pendant que la chère Marie de Saint-Rodolphe s'avançait en vertus par la fidélité aux devoirs de sa sainte vocation, la Mère Marie de Saint-Hilaire marchait sur ses traces, et était pour toutes une règle vivante.

Elle avait suivi de très près sa sœur à Nantes, y étant arrivée le 10 octobre pour être secrétaire de la Rév. Mère Provinciale, qui était alors la Mère Marie de Sainte-Agnès. C'est dans cette charge, toute de dépendance et d'abnégation, qu'elle devait se montrer à la Société sous son véritable jour.

C'est là qu'il fut donné à ses Sœurs d'admirer

la grandeur et la perfection de son obéissance, son amour et son dévouement pour son Institut, et sa grande charité pour toutes. C'est là qu'on la vit constamment la femme du devoir par excellence : toute à Dieu, toute à ses Supérieures, toute à sa règle. Écoutons le témoignage de sa Supérieure : « Marie de Saint-Hilaire est devenue tout ce qu'elle a été par l'obéissance. C'est l'obéissance qui a été sa joie, sa force et sa vertu de prédilection ; et à cette heure, nous n'en doutons pas, l'obéissance fait sa plus belle couronne de gloire au ciel : « L'obéissant chantera des victoires [1]. » Elle a vécu et elle est morte entre les bras de l'obéissance ; ses Supérieures étaient pour elle la personnification vivante du divin Maître. Aussi quel respect, quel amour leur témoignait-elle en toutes circonstances ; avec quelle simplicité elle leur ouvrait son cœur, avec quel abandon d'enfant elle se laissait conduire par elles !

« Elle remplit sa charge de secrétaire avec

---

[1] Proverbes, xxi, 28.

beaucoup de tact, de prudence et d'exactitude, ne remettant jamais au lendemain ce qu'elle pouvait faire le jour même ; et souvent elle dut prendre sur son sommeil pour terminer des écritures pressées. Elle se plaisait à faire régner le plus grand ordre dans les archives de la Province, heureuse de tout arranger pour le mieux, ayant en vue le bien de la Société. »

Il était donné à ces deux chères Mères de se sanctifier ensemble, et de répandre dans le même lieu le suave parfum de leur humilité, de leur délicate charité et de leur entière abnégation.

Ainsi s'écoula la première année de leur séjour à Nantes, qu'aucun incident ne vint marquer, sinon un voyage de quelques jours que Marie de Saint-Rodolphe fit au Mans, avec la Mère Provinciale, qui la prit pour compagne, sa sœur étant alors malade.

La Maison du Mans venait d'être fondée, et ce fut une consolation pour Marie de Saint-Rodolphe de voir un nouveau sanctuaire de réparation élevé sur notre terre de France.

Le 12 octobre 1872, l'Assistante de la Maison

de Nantes ayant été envoyée à Paris, la Mère Marie de Saint-Rodolphe fut choisie pour remplir cette charge. Ce fut une épreuve pour l'humilité de la chère Mère qui n'aspirait qu'au dernier rang ; mais elle se dédommagea du sacrifice que lui imposait la sainte obéissance, en profitant de l'autorité que lui conférait sa charge pour se faire la servante de toutes. Elle prenait pour elle ce qu'il y avait de plus fatigant, et cherchait constamment à alléger le travail de ses Sœurs, toujours prête à remplacer celles qui ne pouvaient remplir leurs offices. Elle avait des attentions toutes maternelles pour celles qui, par mortification ou timidité, n'auraient pas demandé ce qui leur était utile ; et rien ne peut rendre les soins dont elle entourait les malades, ne passant aucun jour sans les visiter. Quelles douces et charitables paroles elle savait dire à celles qui allaient lui parler de leurs difficultés ou de leurs souffrances, ou encore à celles sur le front desquelles elle apercevait le plus léger nuage de tristesse.

On sentait qu'elle partageait la peine de ses

Sœurs, et que son cœur était tout entier à chacune d'elles.

Son dévouement lui servait encore de voile pour cacher sa mortification. Pendant les repas, elle veillait avec tant de sollicitude à ce que rien ne manquât ni à l'une ni à l'autre, qu'elle oubliait elle-même de prendre sa nourriture, ou plutôt ne s'en donnait pas le temps. Cette chère Mère, comme nous l'avons vu dans les commencements de sa vie religieuse, avait toujours témoigné une extrême répugnance à accorder à son corps ce qui lui était nécessaire; et malgré sa parfaite obéissance, bien souvent ses Supérieures durent réitérer sur ce point les mêmes recommandations pour combattre un excès qui eût été funeste peut-être : c'était le seul reproche que l'on pût adresser à la fervente religieuse.

Elle ne laissait perdre aucune occasion de pratiquer un acte de vertu. Un jour, la Mère Supérieure lui remit une lettre. Cette lettre lui était adressée par une personne qui lui était bien chère, et elle l'attendait depuis des années. Quatre jours après, une Sœur entrant dans sa cham-

bre, au moment où elle sortait de sa poche la-
dite lettre qu'elle n'avait pas encore ouverte et
qu'elle s'apprêtait à lire, craignit de la déranger
et lui dit qu'elle reviendrait plus tard : « Oh !
non, reprit la Mère, j'attendais cette lettre depuis
dix ans, je puis bien en retarder la lecture de
quelques minutes. »

Comme il appartenait à sa charge de désigner
les adorations de jour et de nuit, elle profitait
de ce droit pour se réserver toutes les heures
qu'elle pouvait, et pour remplacer celles qui se
trouvaient empêchées au temps qui leur était
marqué. Elle apppréciait si fort la grâce insigne
qui est faite à son Institut de pouvoir adorer
Notre-Seigneur et de l'avoir constamment exposé, qu'elle aurait voulu ne s'éloigner jamais
de Lui, et elle restait toujours unie par la pensée
aux adoratrices qui étaient aux pieds du divin
Maître.

Quoique la prière mentale eût toutes ses préférences, elle aimait cependant beaucoup, à cette
époque, la prière vocale. Nous lisons même
dans ses notes de retraite de cette année 1872,

qu'elle dut faire une *réforme* pour se restreindre sur ce point :

« Il faut que je fasse peu de prières, mais que je sois fidèle à celles que je garderai. Le matin, en me levant, réciter le *Te Deum*, pas autre chose. A la visite, réciter le *Credo*, la consécration à la sainte Vierge, et la formule des vœux ; prendre les quatre résolutions de Berchmans. Dans la journée, dire mon Rosaire. Le soir, cinq *Pater* et cinq *Ave* les bras en croix, à terre, pour les âmes du Purgatoire ; puis, de nouveau le *Credo*, la formule des vœux et la consécration à la sainte Vierge. Rien de plus ; mais de la constance et de la persévérance. Dans la journée encore, autant d'actes d'amour que possible, surtout en actions. »

Le 28 juin 1873, Marie de Saint-Rodolphe, délivrée de la charge d'Assistante, à son grand contentement, rentre dans l'obscurité qui lui était si chère : mais non... de deux emplois qui lui sont confiés, quoique très obscurs tous deux, l'un la met en rapport avec le monde : voilà sa peine. Elle fut nommée lingère et portière. C'est ce dernier office qui lui inspirait une extrême répugnance, et qui lui fit remporter bien des victoires sur elle-même. Nous en trouvons la preuve dans ces mots :

« La pensée de la•loge me désole... Quelle croix !... mais c'est une croix d'or ! O Jésus, venez-y avec moi, car j'ai peur, horreur de la loge... de plus en plus..., cela devient tentation... Ah ! que j'aimerais rester seule avec vous toujours, dans le silence et la solitude... travailler... souffrir, avec amour et par amour. »

Cependant, rien ne trahissait au dehors les répugnances de Marie de Saint-Rodolphe : elle se montrait pleine de bonté et de bienveillance pour tous ceux qui avaient affaire à elle. Elle cherchait à leur dire toujours une parole qui pût être utile à leur âme ; elle accueillait surtout les pauvres et les malheureux avec une sorte d'affabilité mêlée de respect.

Au mois de novembre de cette année 1873, Notre-Seigneur se plut à visiter Marie de Saint-Rodolphe par la maladie. Et comme il ne séparait pas dans son amour Marie de Saint-Hilaire de Marie de Saint-Rodolphe, il ne voulut pas les séparer dans la souffrance. Elles furent toutes deux atteintes du même mal, et toutes deux condamnées au repos pendant tout l'hiver qui suivit.

VI

SÉPARATION. — MARIE DE SAINT-RODOLPHE
AU MANS.

VERS la fin d'octobre 1874, la Mère Marie de Saint-Rodolphe était envoyée en résidence au Mans. Ce fut pour elle l'occasion d'un grand sacrifice, celui de se séparer de Marie de Saint-Hilaire à laquelle Notre-Seigneur l'avait unie plus fortement encore par les liens de la grâce que par ceux de la nature.

Il existait entre les deux sœurs une conformité de goûts, de pensées, de sentiments qui se rencontre peu. C'étaient deux vies qui semblaient se confondre en une seule, et dont la réunion formait un type de noblesse, de générosité, de distinction vraiment remarquable.

Elles semblaient faites pour vivre l'une à côté de l'autre et se prêter des charmes réciproques. Ce n'était pas seulement au moral qu'existait cette conformité, mais leurs corps mêmes semblaient subir les mêmes influences : d'ordinaire, quand l'une était malade, l'autre ne tardait guère à l'être à son tour. Quoique la maladie de poitrine dont elles furent atteintes à la même époque fût d'un genre tout différent, elles passaient cependant par les mêmes phases d'arrêt et de recrudescence.

Également pleines d'ardeur pour leur perfection, elles ne profitaient de leur rapprochement que pour s'exciter à l'amour de Notre-Seigneur, et pour veiller sur les membres de leur famille comme des anges protecteurs ; elles unissaient leurs prières, leurs sacrifices pour le bien de ces âmes tant aimées, et concertaient entre elles les avis ou les conseils à leur donner.

Leur jeune frère Rodolphe était surtout l'objet de leur constante sollicitude. Dans leurs lettres pleines d'une tendre affection, elles cherchaient à le prémunir contre les écueils que rencontre un jeune homme à son entrée dans le monde. Il venait de quitter le collège pour commencer ses années de service militaire; sa position réclamait plus que jamais l'intérêt, le dévouement, les prières de ses sœurs. Elles le savaient bon et fervent chrétien, et elles priaient Dieu de le conserver toujours tel au milieu des dangers si grands qu'il allait rencontrer; leurs prières furent entendues et exaucées.

La divine Providence avait ménagé aux deux sœurs, la consolation de passer l'une près de l'autre leur enfance, leur jeunesse et les six premières années de leur vie religieuse. Maintenant la volonté divine, manifestée par l'organe des Supérieures, les sépare; elles acceptent avec générosité ce sacrifice que la Providence adoucira cependant en les réunissant de loin en loin, mais pour quelques jours seulement.

Sa charge de secrétaire permettra à Marie de Saint-Hilaire de suivre la Mère Provinciale dans ses visites aux différentes maisons et de revoir sa chère Sylvie là où la placera l'obéissance.

La Mère Marie de Saint-Rodolphe arrivait à la Communauté du Mans avec la charge de Sous-Maîtresse des novices : elle y avait été précédée par la réputation de ses vertus, aussi les novices sont-elles heureuses de l'avoir à leur tête ; déjà elles la connaissent et l'aiment comme une sainte. Mais ce qu'elles admirèrent le plus, dès qu'elles la virent à l'œuvre, fut son humilité profonde, cette admirable simplicité qui lui servait de voile pour dérober l'héroïsme de sa vertu.

Voilà bien, en effet, le cachet qui distinguait la Mère Marie de Saint-Rodolphe. C'était aussi ce que réclamait sa charge. La Sous-Maîtresse des novices étant donnée à la Maîtresse des novices pour l'aider dans l'œuvre si importante de la formation des âmes qui aspirent à la vie religieuse, doit surtout prêcher d'exemple. A la Maîtresse, il est donné d'instruire, de diriger ; à la Sous-Maîtresse, toujours en contact avec les novices, il appartient surtout d'édifier et de montrer ce que doit être une vraie fille de Marie-Réparatrice.

La pensée de son incapacité et le désir d'être utile à ses chères novices, la pressa de travailler avec une nouvelle ardeur à sa sanctification personnelle. Son âme se consumait en désirs, et elle aurait traité son corps avec une rigueur inouïe, si l'obéissance n'avait été là pour la retenir. Et malgré cela, que de saintes industries ne trouvait-elle pas pour se faire souffrir. Que de fois on la surprit prenant son repos sur le plancher de sa chambre. Elle avait obtenu pour cette année la permission de rester la nuit du Jeudi au Vendredi-Saint en adoration devant le très saint Sacrement : elle la passa presque tout entière à genoux. Dans d'autres circonstances, étant également restée longuement prosternée, elle ne paraissait ressentir aucune fatigue de ces adorations prolongées et semblait au contraire y avoir puisé une vigueur nouvelle.

Mais parfois aussi, le divin Maître, pour seconder les désirs de souffrance que ressentait sa servante, permettait que ce qu'on lui prescrivait comme adoucissement à ses maux produisît un effet contraire. Dans un moment où sa poitrine avait été plus embarrassée que de coutume, le médecin avait ordonné à Marie de Saint-Rodolphe de se badigeonner les épaules avec de la teinture d'iode. L'infirmière continua à employer le remède indiqué, sans interruption, jusqu'à une nouvelle visite du docteur, à qui on demanda si on devait le poursuivre encore. Il fut étonné qu'on eût fait souffrir si longtemps la chère patiente, car il avait cru recommander de laisser un intervalle de quelques jours dans l'application de l'iode, et il ordonna de cesser immédiatement ce traitement qui aurait pu être funeste à la malade. Celle-ci, qui avait été Maîtresse de santé et qui devait savoir la manière d'employer ce remède, n'avait fait aucune observation à son infirmière, heureuse d'avoir quelque chose à souffrir cette fois sans déroger à l'obéissance.

Mais Dieu la fit passer par un martyre bien autrement douloureux que celui qui n'atteint que le corps, lequel est souvent un rafraîchissement pour l'âme avide de croix. Elle fut éprouvée par ces peines intérieures, intimes, qui aident

les âmes contemplatives à comprendre les ago-
nies du Cœur de Jésus. Rien toutefois ne trans-
pirait au dehors : c'était toujours la même sérénité. Saintement avide d'humiliations, elle remerciait le divin Maître de toutes celles qu'Il semait
sur sa route, et Il semblait les multiplier sous ses
pas à cette époque de sa vie.

La Mère, qui était alors Assistante, se rappelle
avec édification que, dans une circonstance, elle
fit à Mère Marie de Saint-Rodolphe des obser-
vations, en présence de quelques autres Mères,
en termes assez mortifiants. Aussitôt il se produisit sur sa physionomie un tel rayonnement de
joie, une telle expression de bonheur, que la
Mère Assistante en fut saisie, pensant en elle-
même combien il fallait que l'humilité eût jeté
de profondes racines dans ce cœur, pour que la
rencontre inopinée d'une humiliation produisît
instantanément de tels effets.

Si on eût voulu trouver à reprendre dans la
Mère Marie de Saint-Rodolphe, on eût pu lui
reprocher d'être trop bonne pour ses novices, de
les prévenir par trop d'actes d'humilité et de cha-

rité. En considérant cette vie toute à Dieu et aux âmes, les novices avaient sous les yeux le modèle de la parfaite Réparatrice, telle que la demandent les Constitutions. Plusieurs novices furent si frappées du type de vertu que leur présentait leur Sous-Maîtresse, qu'elles résolurent de l'imiter et de le reproduire dans leur vie religieuse. De ce nombre fut la Mère Marie de Saint-Raphaël : âme noble, généreuse et bien digne d'être l'émule de Marie de Saint-Rodolphe. Il y avait environ un an qu'elle était au Noviciat quand cette dernière y arriva. Pour être fidèle à sa vocation, elle avait dû quitter en secret la maison paternelle, s'exposer au ressentiment d'un père dont elle avait été jusque-là l'idole, et qui n'avait voulu partager avec nul autre le soin de l'instruire et de l'élever. A cette heure, son courroux égalant sa tendresse qu'il croyait méprisée, il ne voulait plus entendre parler de sa fille et brûlait, sans les ouvrir, toutes les lettres qu'il en recevait. Sa généreuse enfant en souffrait plus qu'on ne peut dire. Mais Dieu, qui ne se laisse jamais vaincre en générosité, se plut à récompenser l'acte héroïque que venait d'accomplir la jeune fille, en la comblant de ces grâces de choix qui font les saints. Les progrès de la novice dans la vertu furent en rapport avec les dons qu'elle recevait du ciel. Sa régularité était parfaite, et, à quelque épreuve qu'elle fût soumise, son égalité d'humeur ne se démentait jamais. Dès qu'elle connut Marie de Saint-Rodolphe, elle l'apprécia, l'aima et conçut la légitime ambition de lui ressembler. De son côté, la Sous-Maîtresse ressentit une profonde affection pour cette novice si généreuse, qui avait su faire au divin Maître de tels sacrifices : la communauté de goûts, de pensées, de souffrances, établit entre ces deux âmes, si bien faites pour se comprendre, une union comme Jésus seul sait en former entre ses amis. Dieu sembla bénir et sanctionner la ressemblance que voulurent avoir ces deux Réparatrices en leur vie, en les rendant semblables en leur mort. Elles furent enlevées de ce monde au même âge, et prirent leur vol vers la patrie avec le même enthousiasme, la même joie d'aller vers leur divin Maître.

Il n'était pas étonnant que les novices fussent subjuguées par l'éclat des vertus de leur Sous-Maîtresse ; les personnes du dehors qui ne faisaient que l'apercevoir en étaient frappées elles-mêmes, tant elle semblait revêtue de pureté, de sainteté et de modestie.

Au Mans comme à Nantes, elle était quelquefois envoyée à la loge pour remplacer les Sœurs portières quand celles-ci étaient appelées ailleurs. Un jour, pendant qu'elle s'y trouvait, elle eut à ouvrir la porte à un digne religieux. La première parole qu'il adressa à la personne qu'il était venu voir, fut de lui demander le nom de la Mère portière. On lui répondit que c'était la Mère Marie de Saint-Rodolphe : « Mais quel air angélique a cette religieuse ! » dit-il avec admiration.

Cette appréciation était unanime. Seule, l'humble religieuse portait sur elle-même un jugement bien différent. Elle avait une extrême répugnance pour aller au parloir, disant qu'elle était un repoussoir pour les âmes avec lesquelles elle était en contact. Comme on rapportait cette parole à un vénérable ecclésiastique qui l'avait confessée pendant quelque temps, il dit : « C'est tout le contraire ; il n'y a qu'à voir la Mère Marie de Saint-Rodolphe pour se sentir attiré vers Dieu. » Ce sentiment était partagé par toutes ses Sœurs en religion. Toutes recherchaient sa conversation et se trouvaient heureuses de vivre en sa compagnie. Une d'entre elles, pour résumer ses impressions à son sujet, s'exprime ainsi : « Au prie-Dieu, dans la Maison, dans ses charges, c'était Notre-Seigneur que l'on voyait en elle, et elle Le faisait aimer par sa seule vue. »

VII

RETRAITE DE TRENTE JOURS. — DERNIERS VŒUX.

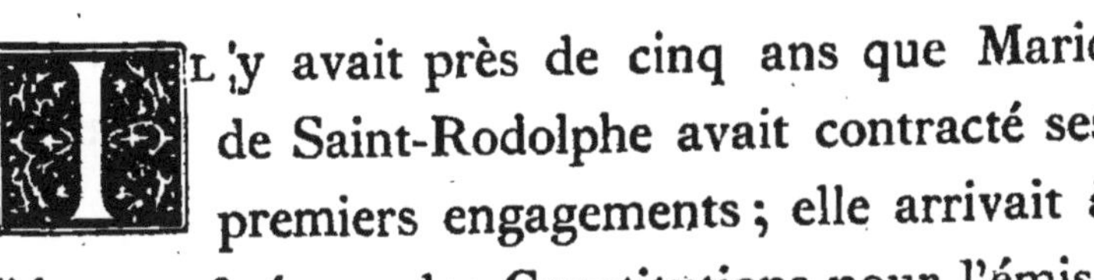IL y avait près de cinq ans que Marie de Saint-Rodolphe avait contracté ses premiers engagements ; elle arrivait à l'époque fixée par les Constitutions pour l'émission des derniers vœux. Au mois de juillet de l'année 1875, elle fut appelée par la Révérende Mère Marie de Sainte-Agnès, Provinciale, pour faire auprès d'elle les Exercices spirituels de trente jours. La Mère Marie de Saint-Hilaire devait partager la même grâce.

Les deux sœurs avaient revêtu le même jour les blanches livrées de Marie-Réparatrice ; ensemble elles avaient fait leur noviciat et prononcé leurs premiers vœux. Et, à cette heure, elles allaient encore ensemble se plonger dans les Exercices spirituels et les terminer par l'émission de leurs derniers vœux.

Ce fut le 21 juillet qu'elles entrèrent en grande retraite : quelques fragments des écrits de la Mère Marie de Saint-Rodolphe nous aideront à la suivre dans cette sainte carrière.

La première pensée qui la saisit au début fut celle du détachement dans lequel doit se trouver l'âme qui aspire à l'union divine. « Plus notre âme se trouve seule et séparée des créatures, plus elle se rend apte à s'approcher de son Créateur et Seigneur et à s'unir à Lui ; et plus elle s'approche effectivement de Lui, plus elle se dispose à recevoir les grâces et les dons de sa divine et souveraine bonté. »

Ces paroles de saint Ignace (20e annotation) suggèrent à la retraitante les réflexions suivantes : « Que de liens me retiennent à la terre !... N'aimer rien que pour Dieu ; s'élever au-dessus des créatures, vraie liberté de l'âme, détachement complet des créatures : avec la grâce de

Dieu, qui ne me manquera pas, je veux y arriver. »

Après la confession, qui termine la première semaine des Exercices, Marie de Saint-Rodolphe entonne ce cantique de reconnaissance : « Jésus m'a baignée dans son sang ! Il m'a pardonnée !... Mon âme, bénissez le Seigneur !... O Jésus, mon Dieu, merci !... Je me donne à vous sans réserve et à jamais. Que tous les anges, tous les saints vous rendent grâces !... Mon âme et mon cœur débordent de reconnaissance et d'amour, mais je suis si petite, si bornée !... Je voudrais mourir d'amour, mourir de douleur de vous avoir offensé !... Que la sainte Vierge soit devant vous mon cantique d'actions de grâces... A moi tout mépris, à vous toute gloire, tout honneur, tout amour !... Que tout ce qui est animé et inanimé soit dans l'allégresse, loue et bénisse votre miséricorde, ô mon Dieu !

« Seigneur, remplissez le vide de mon cœur ; cachez-moi dans votre plaie, abritez-moi dans la douce ouverture de votre Cœur et ne m'en laissez jamais échapper... Jésus! Jésus! Jésus! vous seul pour toujours! »

Marie de Saint-Rodolphe avait une horreur profonde du péché; elle l'avait vu à la lumière de Dieu, et, à cette divine lumière, les plus légères fautes lui paraissaient monstrueuses; elle était inconsolable des moindres imperfections. Nous l'avons vue s'armer contre ce redoutable ennemi de toute la force de sa volonté et s'engager par vœu à ne jamais commettre le péché véniel de propos délibéré. Jamais elle n'a manifesté la plus légère inquiétude au sujet de ce vœu, preuve de la fidélité avec laquelle elle l'a gardé. Cependant, à l'entendre, il semble que sa vie ait été souillée par d'innombrables infidélités. Toutes les personnes qui ont vécu avec elle savent quelle a été la pureté de cette âme angélique. Un vénérable prêtre, qui avait été son confesseur, disait en parlant d'elle : « Dieu se mire dans cette âme. »

Marie de Saint-Rodolphe en jugeait autrement : elle n'avait pas d'expression assez forte pour peindre sa misère. Ecoutons-la encore :

« Le péché a passé sur mon âme comme le torrent qui descend de la montagne... il a tout déraciné, tout ravagé... il y a creusé de profonds sillons; sa fureur et son impétuosité n'y ont laissé aucune trace de la beauté dans laquelle vous l'avez créée... O Jésus, réparez! Jésus, passez!... Jésus, restez!... Arrosez mon pauvre jardin de la rosée bienfaisante de votre Précieux Sang, et mon âme reverdira, refleurira et ne vivra plus que pour réjouir votre regard, consoler votre Cœur. Toute ma confiance est en vous seul, ô Jésus, mon doux Sauveur! »

. . . .

« *Deo gratias.* Notre-Seigneur m'a accordé ce matin bien des grâces... Jésus, soyez-moi Jésus! Vous avez reconquis mon cœur... régnez seul... coupez, tranchez, sapez, portez le fer et le feu... chassez au loin toutes ces affections qui usurpaient votre place; brisez et pulvérisez la statue que j'élevais à ma propre excellence; Vous seul et votre amour!... Ah! qu'il est doux de sentir votre présence! Jésus, restez toujours, enivrez-moi de votre amour. Je veux vous aimer jusqu'à la folie, jusqu'à la mort!... Faites que je meure d'amour pour Vous!... Et, pendant que je lutterai dans cette triste vie, cachez-moi dans votre Cœur ; c'est l'abri que je choisis, que j'aime, que je ne veux point déserter... qu'il soit ma demeure et mon tombeau... que je vive loin des créatures... oubliée... méprisée... des mépris, des affronts, des humiliations, avec votre amour et la grâce de ne jamais plus vous offenser, voilà la nourriture que je vous supplie de donner à mon âme languissante et affamée... O Jésus! que je suis heureuse d'être lavée, baignée dans votre sang, imbibée, pénétrée par Lui, de rester à jamais l'objet sur lequel vous avez le plus largement exercé votre clémence et votre miséricorde... que les Anges et les Saints vous en rendent d'éternelles actions de grâces!... Jésus, Amour, soyez la force de ma volonté languissante, la flamme qui consume sans cesse mon cœur ! »

La retraitante n'a plus rien qui entrave sa marche. Elle s'élance, avec toute son énergie et tout son amour, à la suite du divin Roi, qui lui a fait comprendre que pour être son épouse, il faut qu'elle meure à elle-même et qu'elle soit crucifiée avec Lui !

« Jésus, mon Roi, nourrissez mon âme du pain de l'humiliation : donnez-moi ce pain de chaque jour, sans lequel elle languit et tombe d'inanition. Donnez-moi, Seigneur, une cuirasse formée de mépris, d'abjections, d'affronts et de toutes sortes d'humiliations, afin que les flèches de mon ennemi ne puissent plus atteindre mon cœur. Ce n'est pas moi que le démon hait, c'est Jésus qui est en moi ; ce n'est pas moi qu'il veut blesser, c'est le Cœur de Jésus ; je ne laisserai pas la blessure pénétrer jusqu'à Lui, je défendrai Jésus. A la moindre pensée d'orgueil, je verrai le coup dirigé vers Jésus et je m'humilierai pour le protéger ; je m'abaisserai si bas, je me ferai si petite et rentrerai si profondément dans mon néant, que Satan fuira, plein de rage contre lui-même ! O Jésus, fortifiez-moi, donnez-moi la grâce de faire ce que je vois si clairement que vous voulez que je fasse. L'humilité est la porte du ciel...

« Souffrir en entrant dans les grandes vues de Dieu, en expiation de mes péchés, en esprit de réparation, pour procurer la plus grande gloire de Dieu, mais sans jeter un seul regard sur moi-même, ne pas faire de retour sur mon cœur, ne pas réfléchir sur la manière dont je souffre, c'est de l'orgueil. »

Arrivée au moment de l'élection, elle écrit : « C'est dans le sang de Jésus qu'il faut retremper ses résolutions ; il faut ce ciment pour qu'elles soient solides et qu'on puisse bâtir sûrement dessus. »

ÉLECTION

« Le complet oubli de moi-même pour ne m'occuper que de Notre-Seigneur et de lui gagner des âmes. Disparaître entièrement pour qu'Il soit tout en moi.

« *Moyens d'y parvenir*. — M'abandonner sans réserve au bon plaisir de Notre-Seigneur, en me dépouillant de ma propre volonté, le laissant agir et se servir des moyens qu'Il trouvera bons, sans jamais chercher de mon côté à poursuivre l'idéal de la perfection que je voudrais atteindre..

« *Examen particulier*. — De fréquents actes d'amour de Dieu.

« *Réforme*. — Vivre de la vie de Notre-Seigneur, ne voir, n'aimer que Lui, ne penser qu'à Lui, le reconnaître dans toutes les créatures pour ne les affectionner qu'en Lui, enfin, disparaître totalement en Lui pour ne plus vivre que de son amour.

« Brider mon imagination et me donner tout entière à l'action présente, sans agitation et sans empressement. J'accepterai avec reconnaissance toutes les humiliations qu'il plaira à Notre-Seigneur de m'envoyer, je n'en éviterai aucune et les aimerai de tout mon cœur !

« Écarter immédiatement toute pensée qui tendrait à diminuer ma confiance en Notre-Seigneur. »

Les méditations de la troisième semaine, en présentant à Marie de Saint-Rodolphe Jésus souffrant, ne font qu'accroître en elle le désir de la souffrance. Elle dit à Jésus :

« O Jésus, mon doux amour, oh ! combien vous nous avez aimés !... Apprenez-moi à ne reculer devant *rien*, et *jamais* quand il s'agit du salut des âmes... que je sois méprisée avec vous ! foulée aux pieds de tous... que mon sang s'unisse à votre sang, ma douleur à votre douleur, ma petite voix à votre grande voix, pour demander à votre Père grâce et miséricorde pour les âmes... » Souffrir, souffrir, souffrir, que ce soit toujours le cri de mon cœur, la faim, la soif de mon âme !... Souffrir avec vous, Jésus !... Souffrir... je vous en prie, donnez-moi cette part d'amour, que je souffre toujours pour votre amour ! »

Ne croit-on pas entendre sainte Thérèse, ou sainte Madeleine de Pazzi, ou saint Jean de la Croix ! Celle qui tient ce langage était en effet de la famille de toutes ces grandes âmes qui, passionnées pour le divin Maître, n'ont pas voulu connaître ici-bas d'autre joie que celle de l'immolation. Elle savait que Jésus ne pouvait régner en son âme que sur les ruines du vieil homme ; aussi veut-elle poursuivre impitoyablement sa nature, son moi humain.

« Je ferai mourir ma nature en toutes choses. Il ne faut point perdre courage en la voyant encore si vivace. Elle ne meurt pas à la première injonction que je lui fais de mourir. Oh ! non, il faut lui porter coup sur coup ; peut-être qu'au millième, elle trouvera qu'il vaut mieux pour elle se résoudre à la mort.

« La tuer net, c'est donc impossible, mais il faut la tenir en mains, serrer le mords et lui faire sentir ma puissance... Elle est l'esclave et moi la maîtresse ; elle doit obéir, trop heureuse de ne pas sentir à toute minute le fouet qu'elle mérite. Il faut lui accorder une chose et lui en refuser trois qu'elle désire, la faire avancer sans cesse, la mâter, la plier, la faire mourir de vraie mort.

« Tuer le moi, saccager ma nature, voilà l'œuvre entreprise et qu'il faut mener à bonne fin. Que le moi n'existe plus et qu'il y ait dans mon

4.

cœur, ô mon Dieu, un Vous seul permanent ! »

Après que Marie de Saint-Rodolphe a vaillamment combattu à la suite du divin Roi, et s'est généreusement exercée dans les trois premières semaines des Exercices, Jésus la fait se reposer en son amour pendant la quatrième semaine et lui communique ses joies divines. Écoutons-la.

« Mon Dieu, je suis toute à vous ! quelle n'est pas la liberté d'une âme qui s'est mise une bonne fois sous ses pieds, pour ainsi dire ! Elle domine tout ! Il n'y a que Dieu au-dessus d'elle ! La nature est brisée, broyée, qu'importe ! Il faut cela pour qu'elle meure, et ce n'est que sur la mort que la grâce triomphante chante l'hymne de la victoire et d'une joie inaltérable ! Jésus ! Jésus ! oui, je vous en supplie, broyez cette nature qui est si vivace et si mauvaise en moi.

« Je me suis livrée, totalement livrée à Dieu : je suis morte à tout ce qui n'est pas Lui... La terre me paraît telle qu'elle est, si petite, si mesquine, si peu de chose ! Vaut-il la peine de lui donner un regard ? — Non, je ne veux plus rien ici-bas, je ne demande rien aux créatures, rien au monde, je ne veux que vous seul, ô Jésus ! Vivre en vous, vous laisser vivre en moi, comme vous le voulez. Voilà le bonheur, la joie, les délices, les douceurs de tous les jours de ma vie.

« Qu'il est doux d'aimer Jésus et d'en être aimée !

« Aimer Jésus pour Lui-même, ne l'aimer que pour son seul amour, sans songer à ses dons, ne plus soupçonner même mon existence. »

Marie de Saint-Rodolphe et sa sœur Marie de Saint-Hilaire au sortir de leur retraite, le 25 août, reçurent des mains de S. G. Mgr Fournier, évêque de Nantes, la couronne d'épines que la Société de Marie-Réparatrice place sur le front de ses enfants, le jour de leurs derniers vœux, et l'anneau, gage de leur éternelle alliance avec le divin Époux. Au chant du *Veni sponsa Christi*, les deux nouvelles Professes s'avancèrent vers l'autel au moment de la communion, et en présence de la divine hostie que leur présentait le Pontife célébrant, elles prononcèrent d'une voix émue, mais énergique, leurs derniers engagements.

Ce fut un jour du ciel pour les deux couronnées et pour toute la Communauté de Nantes qui s'associait si vivement à leur bonheur.

VIII

LA grande retraite et la journée du 25 août 1875 passèrent trop rapidement pour les deux sœurs, et après ce temps de halte, il fallut revenir aux labeurs ordinaires de la vie. L'heure de l'éternel repos n'était pas encore venue : elle ne devait pas tarder ; mais, en attendant, il fallait se hâter de glorifier le divin Maître et d'acquérir des mérites pour l'éternité. Deux jours après la cérémonie de ses derniers vœux, Marie de Saint-Rodolphe disait adieu à Marie de Saint-Hilaire et à ses Sœurs de Nantes, et reprenait la route du Mans, où elle était attendue avec impatience par les no-vices qui furent tout heureuses de la revoir. Mais leur joie de la posséder ne devait pas être de longue durée.

Au mois de janvier 1876, Marie de Saint-Rodolphe fut envoyée dans la Maison de Paris, où elle resta à peine trois semaines ; le 21 janvier elle se rendait à Pau.

La Maison de Marie-Réparatrice à Pau a une origine qui doit être mentionnée ici : elle fut fondée en 1874 par Mmes de Brienen.

Mlle Marie de Brienen, dont le trop court pèlerinage ici-bas fut marqué par l'exercice continuel de la charité la plus délicate et de la bienfaisance sous toutes les formes, voulut que le premier exercice des droits de sa majorité fût l'érection d'un monastère et d'une chapelle où Notre-Seigneur reçût de continuelles adorations, et elle fixa son choix sur la Société de Marie-Réparatrice. La baronne de Brienen, sa pieuse mère, entrant pleinement dans ses vues, elles s'adressèrent à la vénérée Fondatrice dont elles étaient les nièces, et l'œuvre commença aussitôt.

Les dernières années de la vie de Mlle de Brienen y furent entièrement consacrées.

Dieu seul sait avec quel soin jaloux, avec quelle particulière sollicitude elle veilla à ce que le couvent fût bien disposé, à ce que l'église surtout fût digne de la majesté de Celui qu'elle devait contenir. Dieu ne lui a pas donné de voir son œuvre entièrement terminée. Pour la récompenser d'avoir travaillé à lui élever une demeure sur la terre, il s'est hâté de lui ouvrir les demeures éternelles, où elle recueille à jamais les fruits de sa piété et de sa charité.

Comme la construction du couvent et de la chapelle demandait du temps, les généreuses bienfaitrices, qui avaient hâte de voir la Communauté établie à Pau, lui cédèrent une habitation non loin de la leur, attenante à la propriété, qu'elles firent disposer à cet effet. Ses compagnes y étaient installées déjà depuis plus d'un an quand Marie de Saint-Rodolphe vint les rejoindre. C'est là que sa vertu devait arriver à son développement, c'est là qu'elle devait mourir.

A Pau comme ailleurs, la Mère Marie de Saint-Rodolphe se dépensa dans ses charges avec le dévouement qu'elle mettait à toutes choses. Pour elle, il n'y avait rien de petit, car elle ennoblissait tout ce qu'elle faisait par la pureté de ses intentions.

On se rappelle avec quelle ardeur elle se rendait dans l'intervalle que lui laissaient ses exercices spirituels à sa loge de portière, avec son panier de travail. En la voyant accourir si joyeuse et répondre toujours souriante aux personnes du dedans et du dehors qui avaient affaire à elle, on aurait cru que cette charge avait toutes ses sympathies. Il n'en était pas ainsi cependant ; ses répugnances, que nous avons déjà vues si vives, n'avaient fait que grandir avec son amour pour le recueillement et son union avec Dieu. Nous la surprenons se disant à elle-même pour s'exciter à la générosité : « Ce n'est pas cette pauvre loge qu'il faut haïr... le bienheureux Rodriguez s'y est sanctifié... c'est mon peu de courage, ma lâcheté... En avant donc, je suis soldat de la Croix ! »

Ah ! elle l'était en effet, car elle savait si bien se vaincre en tout, qu'on ne pouvait connaître qu'une chose lui coûtait qu'au plus grand empressement qu'elle mettait à la faire et à la joie qui paraissait sur son visage en la faisant.

Elle avait grandement à cœur sa charge de vestiaire... Son esprit de foi la rendait heureuse de travailler pour les épouses de Notre-Seigneur ; elle le faisait avec une incroyable ardeur, demandant à Dieu de lui donner autant d'âmes dans la journée qu'elle ferait de points ; et comme elle n'était à rien à demi, il s'élevait souvent des luttes entre son amour pour le travail et sa promptitude à tout quitter au premier son de la cloche qui venait l'interrompre à chaque instant et la faire continuellement mourir à elle-même. Comme elle ne se pardonne rien, elle se le reproche : « A la loge, répondre dès que j'entends sonner. Je me dis : C'est Jésus qui est là et qui frappe, et je le laisse attendre pour achever un misérable point, au lieu de lui ouvrir bien vite et aimablement..... Plus d'esprit de foi ; dans mon travail, rien n'est petit. Ce sont les petites choses faites parfaitement qui préparent au martyre; je n'ai qu'un travail à faire : la volonté de Dieu. »

Ces grandes vues soutenaient son courage et sa fidélité; elle faisait tout par amour pour le divin Maître et pour obtenir de lui être fidèle dans les grandes choses. Le désir du martyre ne la quitte pas depuis son noviciat, et augmente à mesure qu'elle avance; mais si Dieu ne la destine pas au martyre du sang, il lui donne celui de l'amour qui va la consumer peu à peu. Sa charge de vestiaire lui fournit en même temps l'occasion de pratiquer la charité à l'égard de ses Sœurs. Elle veille avec sollicitude à ce qu'aucune ne manque de rien.

Pour sa part, elle trouve dans cet office de quoi contenter son amour pour la pauvreté; elle prend toujours les vêtements les plus mauvais et qu'elle ne donnerait à aucune autre dans la maison. Elle les porte si usés, si rapiécés, que la Mère Supérieure est quelquefois obligée d'intervenir pour les lui faire quitter. La religieuse qui l'a remplacée dans sa charge de Maîtresse

du vestiaire dit qu'elle fut aussi étonnée qu'édifiée en voyant ce qu'elle s'était réservé en fait
d'habillements ; ils n'étaient composés que de
pièces réunies ensemble.

Il semble impossible de pousser plus loin
qu'elle ne le faisait le mépris d'elle-même, l'abnégation en toutes choses : elle avait bien compris et réalisé ce que veut de ses filles la vénérée
Mère Fondatrice quand elle leur dit : « A la religieuse Réparatrice, il faut la volonté constante
de la souffrance, de la pénitence intérieure et
extérieure, de la pauvreté, de l'obéissance la plus
entière et la plus aveugle et d'un renoncement
continuel en toutes choses. Il faut qu'elle sache
vouloir s'attacher par amour à la croix de Jésus-
Christ, se souvenant que rien ne doit ni ne peut
briser la chaîne qui l'y a rivée pour jamais. »

Il y avait un an que Marie de Saint-Rodolphe
était à Pau, lorsqu'elle perdit la digne Supérieure qui l'avait accueillie à son arrivée. En
même temps, Dieu lui donna la consolation
de revoir sa sœur Marie de Saint-Hilaire qui
accompagnait la Mère Provinciale dans sa visite

annuelle. Heureuse rencontre qui permit aux deux vertueuses sœurs de voir le progrès que la grâce faisait en elles. Mais leur intimité bien que très grande, ne les portait pas à des épanchements indiscrets. Marie de Saint-Rodolphe avait une extrême réserve pour parler de son âme. Elle savait « qu'il est bon de tenir caché les secrets du Roi [1]. » On pouvait la deviner dans ses œuvres, dans ses paroles, mais elle ne s'épanchait pas au dehors. Sa grande circonspection l'a portée à se communiquer très peu et à un bien petit nombre d'âmes; pendant longtemps, elle n'aurait peut-être pu le faire, tellement elle s'ignorait elle-même et semblait n'avoir d'yeux que pour découvrir des défauts et des imperfections dans toute sa vie.

Peu de jours après l'arrivée de la Mère Provinciale, une nouvelle Supérieure ayant été nommée, il se fit en même temps un changement dans les charges de la Communauté. Marie de Saint-Rodolphe fut promue à celle

---

[1] Tobie, XII, 7.

de Maîtresse des Retraites. Ces nouvelles fonctions effrayèrent *son humilité, car elle se per*suadait toujours qu'elle faisait mal toutes choses, et avait la conviction profonde que la Société de Marie-Réparatrice usait d'une grande charité à son égard en la conservant dans son sein. Elle s'en exprimait ainsi : « Mes emplois laissent tant à désirer... comme je m'en acquitte lâchement... Mon Dieu, que l'on est bon de me supporter. »

Mais comme sa confiance en Dieu égalait sa défiance d'elle-même, elle s'appuyait uniquement sur Lui et comptait sur son secours pour l'assister dans toutes les œuvres où l'employait l'obéissance.

IX

CONTINUER ici-bas la vie de Marie dans ses rapports avec Jésus et les âmes, c'est la mission de la religieuse de la Société de Marie-Réparatrice. Pour la réaliser, elle s'étudie à être pour le Dieu de l'Eucharistie ce qu'était la sainte Vierge pour son divin Fils. Comme Marie journellement, elle s'unit d'une manière intime à la divine Victime du Calvaire, afin de réparer avec Jésus, par Jésus, la gloire divine outragée par le péché, de fléchir la colère de Dieu à l'égard des pécheurs, et d'attirer sur eux des grâces de conversion et de salut.

Approchant de si près le divin Captif du

Tabernacle, dans les longues et fréquentes adorations de nuit et de jour passées à ses pieds, l'enfant de Marie-Réparatrice puise à sa source, dans le cœur même du Maître, l'amour des âmes dont il est rempli, et qu'Il a communiqué dans une si large mesure à sa Mère bénie, amour qui la retint dans l'exil après l'Ascension et qui la fit se dépenser, se sacrifier pour le bien de l'Église naissante.

Comme sa divine Reine, la Réparatrice doit être tout aux âmes par la prière, l'immolation et aussi par l'exercice du zèle et de la charité.

Notre-Seigneur avait répandu trop abondamment sur Marie de Saint-Rodolphe l'esprit de sa vocation pour ne pas la remplir d'une manière peu commune de ce double amour de Dieu et des âmes. En vue de la gloire divine à procurer et pour être plus utile aux âmes, elle n'avait reculé devant aucun sacrifice, et s'était employée tout entière pendant les premières années de sa vie religieuse avec une rare énergie à l'œuvre de sa sanctification personnelle. Maintenant, nommée Maîtresse des Retraites, elle aura avec le pro-

chain des rapports plus constants et plus directs.
Son cœur était un cœur d'apôtre, embrasé, dévoré de zèle ; elle aurait voulu convertir l'univers entier, et ne cessait de prier, de s'immoler pour le salut des pécheurs. Mais comme il existait un équilibre parfait entre toutes ses vertus, ses désirs d'apostolat étaient tempérés par une humilité profonde qui la faisait se croire incapable de travailler directement au bien des autres : elle jugeait ses Sœurs plus aptes qu'elle à être employées aux œuvres de zèle, et elle n'osait s'en occuper que sous la sauvegarde de l'obéissance. Intimement convaincue que sans Jésus elle ne pouvait rien, elle tirait toute sa force de son union avec Lui, et se surveillait d'un jour à l'autre afin de ne rien perdre de son recueillement dans ses rapports extérieurs. Elle jugeait des résultats de son apostolat d'après la mesure de son union avec Notre-Seigneur. Nous lisons dans ses notes, à la date du 12 septembre 1877 :

« Je n'ai pas été assez recueillie hier..... J'ai senti que les âmes ne trouvaient pas Jésus auprès de moi. »

La chère Mère comprenait, goûtait, aimait le livre des Exercices spirituels ; elle en avait saisi l'ordre et l'économie, et savait l'exploiter pour son profit spirituel et celui des autres. Nous voyons que dans une de ses premières retraites elle avait pris la résolution de lire toutes les semaines quelques pages de ce livre admirable, afin de l'étudier à loisir.

Aussi quelle estime en faisait-elle, et avec quelle adresse pleine de tact elle savait conseiller à propos aux personnes qu'elle voyait au parloir le grand bienfait d'une retraite. Étant en rapport depuis quelque temps avec une personne à laquelle elle s'intéressait beaucoup, elle lui avait parlé plusieurs fois des Exercices spirituels ; celle-ci, qui connaissait les goûts de la Mère, ne crut pas pouvoir lui procurer une plus douce joie que de lui offrir à l'occasion de la Saint-Rodolphe, comme bouquet de fête, la promesse de faire prochainement une retraite.

Qui dira son dévouement, sa charité à l'égard des âmes auxquelles elle faisait faire les Exercices spirituels. Elle les aidait par ses paroles pleines d'onction, de force, de charité. On sentait que c'était l'esprit de Jésus qui parlait par sa bouche, et on ne pouvait résister à ses conseils si pleins de douceur et de sagesse. Pour attirer sur ses retraitantes les grâces et les bénédictions du Ciel, elle ajoutait prière sur prière, pénitence sur pénitence.

Quel tact, quelle délicatesse pour leur faire observer les moindres prescriptions du saint auteur des Exercices et pour y ramener quand on s'en écartait! Une religieuse qu'elle assista durant sa retraite d'élection, avant son entrée dans la Société, se rappelle que sa zélée Directrice ne savait comment arriver à lui faire pratiquer la 7ᵉ addition qui n'avait nullement frappé la retraitante et qu'elle ne mettait pas en pratique. La Mère lui dit enfin avec son plus gracieux sourire : « On voit bien que vous n'avez pas commis de grands péchés ; sans cela, vous ne pourriez supporter une si grande lumière[1]. » La

---

[1] La 7ᵉ addition invite le retraitant à se priver de la lumière éclatante du jour pendant qu'il médite sur le péché et les fins dernières.

jeune fille ne comprit la leçon que longtemps après, quand elle fit d'autres retraites.

Marie de Saint-Rodolphe n'abandonnait pas les âmes qu'elle avait une fois suivies pendant la durée des Exercices; elle ne cessait de les porter *dans son cœur et de les recommander à Dieu* dans ses prières.

Toutes les personnes que la divine Providence envoyait auprès d'elle étaient bien reçues, quelle que fût leur condition; si elle avait une préférence, elle était pour les petits, les pauvres, les pécheurs.

Elle prodigua ses soins dévoués à une ancienne cantinière dont la jeunesse avait laissé à désirer, mais qui, parfaitement convertie, voulait sincèrement aimer le bon Dieu, et, demandant qu'on l'instruisît de tout ce qu'elle devait faire pour lui plaire, Marie de Saint-Rodolphe la voyait toutes les semaines, lui parlait de Notre-Seigneur, l'initiait aux pratiques de la vie chrétienne. Après la mort de la Mère, cette pauvre fille fut inconsolable; elle demanda la permission de ne pas quitter son cercueil pendant la nuit. Comme le soir on lui offrait de prendre quelque nourriture, elle la refusa, disant : « Comment pourrai-je le faire, puisque ma Mère est morte.....? » Elle s'est constituée la gardienne de sa tombe, se plaît à l'orner de fleurs et de guirlandes, *et passe là en prière* auprès de la dépouille mortelle de sa bonne Mère le temps qu'elle employait autrefois à la voir au parloir.

Un jour la Mère Marie de Saint-Rodolphe fut envoyée auprès d'une actrice, qui, poussée par la grâce ou peut-être seulement par la curiosité, *demandait à voir une des Mères au parloir.* Marie de Saint-Rodolphe l'aborde avec la sainte amabilité qui la distingue.

L'actrice s'en va sous le charme de cette première visite en exprimant le désir de revenir encore. Marie de Saint-Rodolphe le lui permet, la voit de temps en temps et lui parle avec tant d'onction de Notre-Seigneur, lui dépeint si vivement les dangers que court son âme dans la triste profession qu'elle exerce, qu'elle laisse la jeune femme ébranlée et désireuse d'abandonner le théâtre pour mener une vie chrétienne. Malheureusement elle quitta Pau peu après ; mais le remords étant entré dans son âme, elle reprit l'habitude de la prière, demandant à Notre-Seigneur la force de rompre les liens qui la retenaient loin de Lui. Elle était dans ces dispositions, lorsque, quelques mois plus tard, étant de passage à Toulouse, elle vint au couvent de cette ville demandant une Mère qui voulût bien continuer auprès d'elle l'apostolat qu'avait commencé la Mère Marie de Saint-Rodolphe, sur laquelle ses éloges ne tarissaient pas.

Elle s'occupa longtemps d'une pauvre âme tourmentée par des peines intérieures qui l'empêchaient de s'approcher de Dieu par la prière, se croyant indigne de se trouver en sa présence. Elle avait choisi la charitable Mère pour confidente de ses souffrances et pour médiatrice auprès de Dieu qu'elle n'osait invoquer elle-même.

On ne pouvait choisir une âme plus compatissante ni une avocate plus zélée auprès de Notre-Seigneur. Quand il s'agissait de sauver une âme, de l'empêcher de commettre un péché mortel, on sentait par la vivacité de son zèle tout ce qui devait se passer dans son intérieur, ses souffrances, les saintes violences qu'elle faisait à Dieu pour obtenir ce qu'elle sollicitait avec tant d'instance. Alors toute sa générosité et toute son ardeur se révélaient : humiliations, mortifications en public, en particulier, prières, tout était mis en œuvre.

Non seulement elle priait, mais elle demandait partout qu'on l'aidât ; elle quêtait constamment des secours spirituels pour ses intentions. Elle abordait d'ordinaire ses Sœurs en leur disant : « Ma Mère, ou ma chère Sœur, combien je vous serais reconnaissante si vous vouliez faire avec moi une neuvaine pour une âme. »

Un jour, au parloir, elle apprend la conduite scandaleuse d'un pécheur d'autant plus coupable qu'il avait reçu plus de grâces de Dieu. Prise d'une immense compassion pour le sort que se prépare cet infortuné, elle veut à tout prix l'arracher à l'enfer ; elle prie, elle se sacrifie dans ce but. Quelques mois après, ce grand pécheur tombe malade. Marie de Saint-Rodolphe redouble ses clameurs vers le ciel, et ses pénitences. Non contente de cela, elle parle à plusieurs prêtres de ce malheureux, leur demande d'aller le voir. Les dispositions trop bien connues du malade semblent ne pas permettre à ceux-ci de s'avancer. La charitable Mère en souffre plus qu'on ne peut dire. Enfin, elle a la consolation d'apprendre que son protégé a vu un prêtre et qu'il s'est confessé. Il mourut quelques jours après.

Que de faits à peu près semblables nous pourrions citer ! Que de prières, de sacrifices n'offrait-elle pas pour les ouvriers apostoliques, pour leurs Missions, pour l'heureux succès de leurs travaux : « Des peuples entiers se damnent et se perdent, » écrivait-elle, « pouvons-nous prendre de l'eau, nous laver les mains, en disant : Je suis innocente de la perte de ces âmes ?... Si nous ne le pouvons pas, nous devons trembler en pensant que des milliers d'âmes n'atteignent pas le salut, se perdent, parce que nous ne remplissons pas notre mission ou que nous la remplissons négligemment. »

C'était une de ses grandes dévotions de prier pour les ministres des autels, afin qu'ils rendissent au Seigneur la plus grande gloire possible.

Comme la présence du duc et de la duchesse de Madrid, qui résidaient alors à Pau, attirait dans cette ville beaucoup d'Espagnols, Marie de Saint-Rodolphe, dans la pensée de pouvoir leur être utile, se mit à apprendre leur langue; elle communiqua le même désir à quelques-unes de ses compagnes, qui imitèrent son exemple. Mlle de Brienen, la généreuse fondatrice du couvent de Pau, voulut bien se faire leur maîtresse. En très peu de temps, Marie de Saint-Rodolphe, plus par l'ardeur de ses prières que par celle de son application, possédait assez bien cette langue pour faire du bien à plusieurs personnes qui, loin de leur pays natal, étaient heureuses d'être comprises par la Mère, et venaient lui confier leurs peines et réclamer ses conseils. Toujours elles sortaient du couvent consolées, fortifiées et plus désireuses de mieux servir Dieu, Notre-Seigneur.

Marie de Saint-Rodolphe avait montré dès son noviciat un zèle semblable pour apprendre l'anglais, dans l'espoir que cette langue lui servirait dans les Missions. Car l'apostolat, dans les pays infidèles, fut toujours son désir le plus ardent ; elle ne cessait de demander à Notre-Seigneur de l'y employer.

Elle aimait, comme nous l'avons déjà dit, les pauvres et les petits ; mais entre tous, elle favorisait de sa prédilection une classe d'enfants abandonnés auxquels peu songent à faire du bien ; nous voulons parler des petits ramoneurs. Peut-être leur couleur noire leur avait-elle valu l'affection de la Mère, qui retrouvait en eux le teint de ces chers petits nègres qu'elle aurait été si heureuse d'évangéliser... Quoi qu'il en soit, ils avaient toutes les préférences de son cœur. Étant encore au Noviciat, pendant une récréation où chaque novice parlait du genre d'apostolat qu'elle ambitionnait, Marie de Saint-Rodolphe manifesta le désir d'être employée à catéchiser les petits ramoneurs.

Cette déclaration fit sourire ses compagnes

qui la plaisantèrent agréablement sur l'originalité de son choix.

A Pau, il lui fut donné de voir ses vœux réalisés, du moins en partie. Par ses bontés, elle parvint à attirer et à réunir un groupe de ces pauvres enfants qui quittent leur pays pour venir chercher dans le nôtre, au moyen d'un pénible métier, de quoi soutenir leur existence. Marie de Saint-Rodolphe les réunissait tous les dimanches dans la matinée, leur parlait du bon Dieu, cherchait à le leur faire aimer, leur apprenait à le prier et les instruisait des principales vérités de la religion. Elle s'informait de leurs peines, qu'elle semblait partager, les consolait, leur distribuait les petites douceurs et récompenses qu'elle avait quêtées pour eux.

Les pauvres enfants s'en allaient tout satisfaits et attendaient avec impatience le dimanche suivant qui devait les ramener auprès de leur petite Mère.

Autant elle était heureuse de pouvoir faire connaître et aimer Notre-Seigneur, autant elle souffrait de ses rapports avec les personnes du dehors, quand il ne lui était pas donné de pouvoir leur faire du bien.

Un jour il lui échappa cet aveu : « Que je souffre lorsque je suis obligée d'avoir de longs entretiens au parloir pendant lesquels je ne puis rien dire de Notre-Seigneur ; je m'y endors et je ne sais même pas ensuite ce que l'on m'a dit. »

X

RETRAITE DE 1877.

DIEU a permis qu'il nous restât, comme souvenir de cette année 1877, quelques notes de la retraite annuelle de Marie de Saint-Rodolphe, notes précieuses qui nous révèlent ses progrès depuis sa retraite de 1875. Elle entre en pleine possession de sa voie toute d'amour, de louange, de confiance pour Dieu et de tendre charité pour le prochain.

Cette retraite fut pour Marie de Saint-Rodolphe comme les derniers rayons du soleil d'été qui dorent et mûrissent les moissons quand le père de famille s'apprête à les récolter. Son âme était un fruit déjà mûr pour le ciel ; elle n'avait plus pour arriver à maturité qu'à recevoir les derniers et les plus chauds rayons du soleil de Justice.

Dans ces quelques pages, elle s'est peinte mieux que nous ne saurions le faire. Tout d'abord, elle reconnaît que sa fin est la louange, l'amour qui, impuissant à se contenir en lui-même, éclate en transports de reconnaissance, d'admiration, de bénédiction.

« Ma fin, dit-elle, c'est de louer Dieu, c'est la voie par laquelle m'appelle Notre-Seigneur. Pourquoi y correspondre si peu? Pourquoi me comprimer? C'est l'amour-propre qui étouffe dans mon cœur cet attrait irrésistible, ce penchant qui me porte toujours à la tendresse et à la reconnaissance! Erreur funeste! mensonge. Je vais reprendre le droit chemin et répondre à mon doux Sauveur par le chant perpétuel du *Deo Gratias.* »

Comme l'amour ne se pardonne pas les moindres offenses envers le Bien-Aimé, Marie de Saint-Rodolphe lave dans ses larmes et dans le sang du divin Maître ses fautes de l'année. On sent combien sa haine du péché est grande et profonde.

« Quel amour! quelle miséricorde! Jésus m'a tout pardonné, il a baigné mon âme dans son sang!... Mais moi, qui suis-je?... Y a-t-il sur la terre une femme plus coupable que moi! Non, ma conscience me le dit... Pardon, Jésus, pardon... Il n'y a pas de péché ou que je n'aie commis, ou que je ne me sente capable de commettre... Je suis ce qu'il y a de plus corrompu, de plus misérable, de plus déloyal au monde... Et Jésus m'aime, malgré tout; que ferai-je désormais?... — Générosité. Donner mon cœur, le donner tout entier; pas de demi-dons.

« Notre-Seigneur m'a donné beaucoup de lumières pendant mon adoration... Qu'il est doux d'être pénétrée par ce tendre et divin regard... J'ai senti ma profonde misère; plus que cela, la monstruosité de mes crimes... Oui, je mérite l'enfer, les créatures m'y condamnent, je m'y condamne et Jésus me pardonne!... Prodige d'amour incompréhensible que seul le Cœur de mon Dieu peut comprendre! Je me suis humiliée à ses pieds... J'y ai brisé mon cœur comme le vase d'albâtre de Madeleine... Mais, hélas! au lieu de parfums, que de trahisons, de lâchetés, d'infidélités, de péchés horribles!... J'ai prié Jésus d'ouvrir ce misérable cœur et d'y faire plonger le regard de la très sainte Vierge et de tous les Saints, afin qu'ils voient mon ingratitude, ma malice, l'enfer que j'ai mérité, et qu'ils louent, ô mon Dieu, votre miséricorde sans bornes; je vous offre leurs mérites, leurs souffrances, leur pureté, leur amour!... Je vous remercie, mon Dieu, de ce qu'ils ont été vaillants dans les combats, de ce qu'ils ont étendu votre règne et glorifié votre étendard... O Jésus, pardon et merci. Jésus ne dévoile pas mes péchés, Il les cache, Il en garde le secret pour Lui seul... quelle délicatesse d'amour! Ne devrait-il pas, au contraire, venger cet amour méprisé, les écrire sur mon front, les y graver en caractères de feu? Non, ce n'est pas là l'esprit de miséricorde de Jésus... Il pardonne, Il relève, Il entoure d'honneur aux yeux aveugles des hommes l'âme la plus déchue dès qu'elle a versé une larme de repentir.

« Qu'il faut être pure pour être l'enfant de Marie-Réparatrice, pour réparer !...

« Je me sens un grand besoin d'humiliations. Je voudrais être foulée aux pieds, méprisée, bafouée... Ouvrez encore mon cœur criminel devant le regard si pur de vos saints, ô mon Dieu ! Je me prosterne humiliée, anéantie à vos pieds... Qu'ils louent encore votre miséricorde, me méprisent et me tendent la main. »

On reconnaît à ces accents l'humilité vraie, fondée sur une vive horreur de tout péché. Celle qui les exprime pouvait dire en toute vérité avec une grande sainte : « Tout péché véniel est mortel pour mon cœur. »

Le double fruit que Marie de Saint-Rodolphe se proposait de recueillir dans cette retraite, est, comme elle le dit elle-même, l'union avec Dieu et la tendresse pour le prochain ; en un mot, le règne parfait de la charité dans son âme.

« Donner plus de tendresses aux créatures sans en donner aucune d'une manière naturelle. J'ai deux écueils à éviter contre lesquels je me heurte sans cesse : je suis trop aimante ou trop

raide ; pour éviter l'un, je tombe dans l'autre…
Aimer Jésus par-dessus toutes choses ; puis,
bonté, charité, amabilité ; me faire gracieuse
pour toutes… d'affections particulières, jamais !…
c'est pire que la peste. J'ai cru mieux aimer
Notre-Seigneur en donnant aux créatures peu
de marques d'affection, en me comprimant,
m'étreignant… Je n'ai pas réussi, je me suis
mieux aimée moi-même, je me suis retrou-
vée davantage… Maintenant, expression de
charité… »

Ailleurs, elle revient sur les mêmes pensées et
ajoute : « Pourquoi entourer mon cœur d'épines
qui piquent les autres et moi-même, sans me
rendre plus agréable à Notre-Seigneur ? Je crains
de donner trop ; mais s'il me faut du Purgatoire
pour l'une ou l'autre chose, mieux vaut y aller
pour avoir été trop bonne. »

L'amour de Notre-Seigneur la ravit de plus
en plus et lui fait tracer les lignes suivantes :
« La souffrance est nécessaire pour le salut des
âmes. Jésus demande mon concours, Il veut que
je souffre pour ces âmes qu'Il me confie plus

particulièrement... J'ai besoin de souffrances, je les désire, j'accepte tout, je m'offre pour tout ce que vous voudrez faire de moi... Donnez-moi des croix, ô mon Dieu ; donnez-m'en, je vous en supplie... Je suis jalouse de toutes celles que vous envoyez à mes Sœurs !...

« Faits-moi la grâce de verser mon sang pour votre amour... Je ne veux pas qu'il y ait un plus grand amour possible et que je ne vous le donne pas. Et vous, Seigneur, vous dites qu'il n'y a pas de plus grand amour que de donner son sang pour ses amis... Je vous l'ai toujours demandé, vous connaissez les désirs de mon cœur, ses gémissements ; acceptez ma vie, donnez-moi le martyre, donnez-moi les missions... Ce n'est pas par présomption que je vous conjure de m'accorder ces grâces... C'est pour vous donner une petite fleur d'amour... Je n'ai rien, je suis si impure, si pauvre! Joignez encore cette miséricorde à toutes celles dont vous m'avez déjà comblée, afin que mon âme puisse vous glorifier. »

Ces sentiments et ces demandes n'étaient pas

l'effet d'une ferveur momentanée : toujours nous avons vu Marie de Saint-Rodolphe sourire au sacrifice, aux humiliations qui se sont rencontrées sur sa route, tressaillir de bonheur en parlant du témoignage du sang versé pour Notre-Seigneur ou de l'apostolat lointain plein de travaux et de périls. Et en attendant que vienne l'heure de ces grands témoignages d'amour qui semblent légers au sien, elle ne néglige pas les moindres. Elle ne laissera pas passer la plus petite occasion de prouver sa fidélité. Écoutons-la encore nous initier aux délicatesses de son cœur envers Dieu :

« Jésus est notre Ami, mais nous ne le connaissons pas ; m'attacher à Lui avec simplicité, tendresse, fidélité ; aller souvent le trouver... Le Tabernacle n'est-il pas sa petite cellule au milieu des nôtres ? Pour moi, ne chercher ma consolation qu'auprès de Lui seul... Me faire amie aimable de mes Sœurs, toujours disposée à les aider, à les soulager, bien que moi-même je me trouve surchargée... Jeter alors un regard sur Jésus ; Il viendra m'aider à mon tour. Ne savoir jamais dire non. Aimer! c'est le besoin du cœur de l'homme, c'est la passion du mien!... Amour pour amour; amour, amour toujours plus ardent, malgré les tentations, les embûches du diable qui n'est pas converti... Vivre cœur à cœur avec mon divin Bien-Aimé. »

Pour être tout entière à Jésus et aux âmes, comme elle le désire, Marie de Saint-Rodolphe prend les résolutions suivantes : « Apporter tous mes soins à bien faire l'oraison, vie de prière, de recueillement... que mon cœur chante sans interruption les louanges de Dieu. Union à Dieu; puis charité pleine de douceur pour le prochain. Je ferai mon examen particulier sur ce sujet.

« Afin de soutenir ces deux vertus que Jésus a choisies pour moi, je veillerai soigneusement à me faire très humble... Me mettre toujours, dans ma pensée à la dernière place, la seule qui soit vraiment mienne.

« J'observerai la règle le plus parfaitement qu'il me sera possible; et en toutes choses, grande pureté d'intention.

« Renouveler tous les matins à la visite mon

vœu de ne jamais commettre de péché véniel de propos délibéré ; me le rappeler de temps en temps dans la journée. Oh! que Jésus est bon ! »

Les retraites de Marie de Saint-Rodolphe étaient toujours pour elle des moissons de grâces dont elle ne laissait pas perdre la plus légère partie. Mais elle n'oubliait pas à la fin des Exercices l'hymne de la reconnaissance : son âme la chantait toujours ; à plus forte raison quand quelque faveur plus signalée lui était accordée.

C'est ainsi qu'elle clôt cette retraite de 1877, pendant laquelle Jésus s'est montré si généreux à son égard :

« Pour maintenir et garder mes résolutions, il faut que je témoigne d'abord toute ma reconnaissance à Jésus !... Que de grâces reçues pendant ces huit jours !... des peuples entiers se seraient sauvés s'ils avaient entendu ce rappel du ciel... Que d'âmes meilleures que moi qui n'entendront jamais cette voix et qui ne connaîtront jamais ce bonheur !... quelle grâce de prédilection de la part de Notre-Seigneur !... Que tout en moi chante ses louanges !... Mon Dieu, que vous offrir ?... Toutes les pulsations de mon cœur comme autant de *Deo Gratias*.

« Témoigner ma reconnaissance à la Société qui me donne tant et de si précieux moyens de sanctification, l'aimer, la chérir sans mesure... me dépenser, m'user pour elle ; en parler avec tendresse, faisant mes efforts pour la faire mieux aimer des autres cœurs.

« Ne rien me pardonner, ne regarder jamais aucune faute comme petite ; m'en humilier, me repentir, me relever et continuer ma route.

« Le zèle de la gloire de Dieu, le faire aimer, Lui demander sans cesse la flamme de son amour et la communiquer à ceux qui m'approchent ; faire voir que j'aime Jésus, qu'Il est ma vie, mon cœur et le tout de mon âme... Faire abnégation de moi-même, me donner vraiment pour attirer des cœurs et les donner à mon Roi... porter sa bannière partout... être soldat vaillant et intrépide, toujours prête au combat.

« Grande dévotion au sacré Cœur, à la sainte Vierge, aux saints Anges, surtout à mon bon ange qui m'a tant aidée ces jours-ci, à saint Ignace, à saint François Xavier. Merci, mon Dieu, merci. *Alleluia.* »

Ces quelques lignes ne sont-elles pas comme un miroir qui nous montre l'âme de Marie de Saint-Rodolphe telle qu'elle est : grande, noble, ardente, vaillante, virile, aimante, délicate, humble, vraiment faite par Jésus pour être un lieu de repos où son Cœur affligé pût trouver amour et réparation ?

XI

LA Mère Marie de Saint - Rodolphe était dans la Société de Marie-Réparatrice une lumière ardente et luisante ; elle ne devait pas toujours rester cachée sous le boisseau : « l'heure était venue de la mettre sur le chandelier, afin que sa douce et bienfaisante clarté illuminât toutes celles de la maison [1]. » Dieu ne devait plus longtemps la laisser à la terre ; mais avant de la retirer, Il voulait que les dons qu'Il s'était plu à déposer en sa personne fussent connus et que tous l'en bénissent et l'en

[1] Saint Matthieu, v, 15.

glorifient. Ainsi s'accomplissait, sans qu'elle le sût, un des vœux les plus chers de Marie de Saint-Rodolphe. Son âme était non seulement louange continuelle à la gloire de son Seigneur et Maître, mais encore cette âme, en se révélant davantage, suscitait la louange dans les cœurs et sur les lèvres des autres; car, en la voyant, on se sentait porté à glorifier Dieu pour toutes les grâces dont Il l'avait enrichie.

L'année 1878 devait marquer bien tristement dans les annales de la famille religieuse à laquelle appartenait Marie de Saint-Rodolphe. Dieu lui enleva celle qu'Il lui avait donnée pour Mère ici-bas. Sa vénérée Fondatrice, la Rév. Mère Marie de Jésus, s'endormit dans le Seigneur, le 22 février, après avoir dignement rempli la mission dont l'avait chargée la divine Providence.

Le Chapitre général ayant été convoqué à Toulouse pour l'élection d'une nouvelle Supérieure générale, les Supérieures de toutes les Maisons de la Société durent s'y rendre. Marie de Saint-Rodolphe fut nommée pour remplacer celle de Pau à la tête de la Communauté, avec le titre de Vice-Supérieure.

On ne peut dire le chagrin et l'étonnement qui s'emparèrent de la pauvre Mère à cette annonce. Son attitude humiliée frappa même les Mères étrangères qui étaient de passage à Pau se rendant à Toulouse.

Cependant son âme virile accepta généreusement cette croix bien lourde pour son humilité. Son sacrifice fut si complet que, dès les premiers jours, on l'eût prise pour une Supérieure exerçant cette charge depuis de longues années, tant elle avait su imposer silence à toutes ses impressions pour s'appliquer tout entière à bien remplir l'emploi que lui confiait l'obéissance.

Plus que jamais elle put déployer son activité, se donner, prodiguer aux unes et aux autres les trésors de dévouement renfermés dans son cœur.

Sa seule consolation était, comme elle le disait, de pouvoir faire du bien à celles qui l'entouraient, avec la certitude d'être dans la volonté de Dieu.

Sans sortir de la réserve modeste que semblait lui prescrire le caractère momentané de ses nouvelles fonctions, la Mère Marie de Saint-Rodolphe en remplit parfaitement tous les devoirs, et gagna plus encore, s'il est possible, l'estime et l'affection de la Communauté.

Dès les débuts de sa vie religieuse, cette vraie fille de Marie-Réparatrice s'était tracé à elle-même des règles de charité dont on ne la vit jamais se départir :

« Couvrir les défauts de mes Sœurs du manteau de la charité, » lisons-nous dans ses premières notes, « m'efforcer de les faire oublier. Dire du bien de toutes, faire remarquer les vertus de chacune, leur attirer l'estime, prier pour elles, leur désirer toutes sortes de biens, me réjouir de ceux qui leur arrivent. — Avoir pour elles des attentions, savoir leur rendre service toujours, tout en m'effaçant ; être à la disposition de toutes, voyant Jésus qui travaille et qui vit en chacune d'elles. »

Assurément, la religieuse, dont toute la vie avait revêtu ce cachet, ne devait employer l'autorité qu'à donner un plus libre cours à l'exercice de son éminente charité.

Elle en usa, en effet, pour se mettre davantage encore au service de ses Sœurs.

D'une sollicitude vraiment maternelle, la Mère Marie de Saint-Rodolphe paraissait ne songer qu'aux besoins de celles qui lui étaient confiées, et, quand elle pouvait en soulager quelqu'une au prix de son repos, elle en était si heureuse que le bonheur semblait doubler son énergie. Quoique minée lentement par la maladie, à l'entendre, elle n'était jamais fatiguée; une force de volonté incroyable la soutenait envers et contre tout. « Elle mourra debout, » disait-on autour d'elle.

Chacune était accueillie par cette bonne Mère avec des marques si vraies, et en même temps si simples, de son estime et de son affection, qu'elle se sentait relevée, encouragée, fortifiée à son contact, et toutes recouraient à elle avec la plus entière confiance. — Les anges seuls peuvent compter le nombre de ses attentions délicates, et si touchantes quelquefois, que les larmes en venaient aux yeux.

Sa grande douceur n'excluait pas en elle la fermeté également nécessaire pour tout bon gouvernement. A l'école du divin Maître, elle avait étudié le véritable caractère de cette vertu pour la reproduire; nous trouvons dans ses notes :

« La douceur n'est pas de la faiblesse, mais de la force portée au plus haut degré : Dieu est infiniment fort et il est infiniment doux... O Jésus, soyez ma force ! apprenez-moi la douceur de votre Cœur. »

Aussi savait-elle être ferme et douce à la fois, et maintenir bien intacte l'observation de la règle, donnant la première l'exemple d'une admirable régularité.

Pleine d'indulgence toujours, ce que la Mère Marie de Saint-Rodolphe pardonnait moins, c'était une louange à son adresse. Un jour, une des Mères s'accusait à elle d'un manquement quelconque : « Vous avez fait quelque chose de plus grave, » reprit-elle. Confuse, la délinquante cherchait en elle-même ce que sa Supérieure pouvait avoir à lui reprocher; elle se souvint alors que, pendant la récréation, elle avait mis son humilité à une rude épreuve, en répétant un éloge qui lui avait été fait d'elle au parloir.

Tout dans son extérieur commandait le respect en même temps qu'il inspirait la confiance; on sentait si bien la présence du divin Maître dans son âme! — D'ordinaire, elle parlait peu, et, autant que possible, à voix basse; en récréation même, elle ne sortait guère de son attitude réservée; mais depuis qu'elle avait la charge de Supérieure, elle était l'âme des récréations, qu'elle rendait aussi agréables que possible. On la voyait heureuse de pouvoir donner les nouvelles venues de Toulouse, et de raconter les faits édifiants qu'elle avait appris.

Ce fut avec une bien vive et douce émotion qu'elle lut, le 3 juin, à la Communauté réunie, la lettre annonçant l'élection de la Rév. Mère Marie de Saint-Maurice, comme Supérieure générale de la Société de Marie-Réparatrice. Toutes joignirent leurs actions de grâces aux siennes pour remercier Dieu du choix heureux qu'Il avait inspiré.

Le 2 juillet, la Supérieure de Pau rejoignait sa Communauté : la Mère Marie de Saint-Rodolphe avait eu la délicate pensée d'orner sa chambre de fleurs et de tout disposer pour que la maison eût un air de fête à son arrivée. Pour elle, on la voyait empressée de rentrer dans l'ombre et de se dérober à l'attention et à la reconnaissance de ses Sœurs ; mais quelques jours à peine s'étaient écoulés, que de nouveau il lui fallut paraître : elle était nommée Assistante. Cette nomination réjouit beaucoup toute la Maison, qui avait su apprécier la douceur et la sagesse de son gouvernement. Une seule en fut affligée, ce fut Marie de Saint-Rodolphe qui dut courber la tête encore une fois sous le joug de l'obéissance. La peine que lui causait le départ de l'Assistante dont elle prenait la place avait plus d'une cause : combien elle aurait désiré la suivre dans les missions où elle était envoyée !

Assistante, Marie de Saint-Rodolphe fut pour ses Sœurs une amie dévouée, et pour sa Supérieure une aide empressée lui allégeant, autant qu'elle le pouvait, le poids si lourd de la supériorité. Elle donnait la première l'exemple de l'obéissance la plus humble, la plus aveugle à son égard.

Toutes les vertus que nous avons déjà admirées dans l'Assistante de Nantes, nous les retrouvons dans l'Assistante de Pau dans un degré supérieur de perfection. Elle avait surmonté, du moins en partie, sa timidité naturelle, qui paralysait parfois ses belles qualités et ses aptitudes. Elle lui avait fait la guerre sans ménagement : pas une de ses retraites où elle ne se soit renouvelée dans la résolution de la combattre.

Dans l'une, elle dit : « Faire ce qu'il faut faire sans timidité et sans crainte en me jetant dans les bras de Notre-Seigneur, par une immense confiance, une confiance sans bornes ; » dans une autre : « Vaincre ma timidité à tout prix. O Jésus, donnez-moi votre force ! »

Toujours la première à tous les offices de la Communauté, l'admirable Assistante entraînait tout le monde par son exemple. Bien loin que sa maladie de poitrine et ses nuits sans sommeil lui parussent une raison suffisante pour retarder son lever, elle y eût trouvé un motif de l'avancer; comme d'ordinaire, tous les matins, en se levant, elle avait de violentes quintes de toux qui l'empêchaient d'agir, elle sollicitait la permission de devancer d'une demi-heure le réveil de ses Sœurs, afin de pouvoir faire sa méditation en même temps que la Communauté.

Les Sœurs coadjutrices, dont, suivant sa charge, elle dirigeait les travaux, les partageant même quelquefois, l'aimaient autant qu'elles la vénéraient. Sa bonté et sa charité à leur égard sont inexprimables; elle ne pouvait les voir tristes, ni soupçonner dans aucune la plus légère souffrance, sans qu'aussitôt elle cherchât à l'adoucir par ses bonnes et gracieuses paroles. Elle leur disait : « J'ai entendu pour vous la sainte Messe; ou j'ai communié à vos intentions;... vous m'avez occupée pendant mon adoration, etc., etc. »

Elle avait un talent particulier pour encourager les âmes faibles, non seulement par ses

exemples continuels de dévouement, d'abnégation, de charité; par l'affection qu'elle montrait
à toutes; par les prévenances, par les attentions
dont elle les entourait, mais aussi par l'énergie
de son langage.

Sa parole, jointe à l'ascendant de sa vertu,
avait beaucoup de force pour porter les âmes à
l'amour de Notre-Seigneur, à l'amour des humiliations, au détachement... « On est si heureux
d'être humiliée, » disait-elle avec un ton de
conviction qui persuadait ce qu'elle voulait faire
goûter. « C'est si bon, une humiliation; je trouve
que c'est le plus grand bonheur d'une religieuse! » Ou bien encore : « Pour être entièrement à Notre-Seigneur, il faut souvent faire
saigner son cœur; on est si heureuse alors! »
Un jour, elle disait à l'une d'elles : « Vous
n'avez pas cette pauvreté de cœur qui plaît tant
au divin Maître. Vous avez des trésors dans ce
cœur, et vous les gardez pour vous-même ou
pour les créatures! C'est si bon de n'avoir rien,
absolument rien qui ne soit à Notre-Seigneur ou
pour Notre-Seigneur. » Une autre fois, se trahis-

sant sans y songer : « Qu'il est doux, dit-elle, lorsqu'on se réveille, la nuit, de se surprendre répétant le nom de Jésus; on sent alors que, même dans le sommeil, on n'a pas d'autre pensée que celle de Notre-Seigneur. »

On voyait bien, en effet, qu'elle vivait dans une atmosphère toute surnaturelle; que sa pensée, son cœur, sa conversation étaient dans le ciel. Elle avait réalisé cette parole qui lui fut dite au jour de sa vêture : « N'ayez plus de pensées que pour le ciel et les œuvres si saintes de votre vocation; oubliez le monde et tout ce qui est du monde, etc., etc... »

Son attrait si grand pour la prière la portait à aimer à se trouver seule dans sa cellule; là, elle pouvait tout à son aise s'entretenir avec son Bien-Aimé. Pendant les heures qu'elle y consacrait au travail à l'aiguille, elle se tenait ordinairement dans une posture gênante, ayant sous son regard l'image de son divin Modèle crucifié.

Le mauvais état de sa santé exigeait parfois qu'elle fît ses exercices de piété à d'autres heures que la Communauté. Obligée de les reprendre ensuite dans sa cellule, elle était fréquemment interrompue par les obligations de sa charge, et cela lui était d'autant plus pénible, que l'oraison était sa vie ; mais sa grande charité ne lui aurait jamais permis de faire attendre qui que ce fût. A quelque heure du jour ou de la nuit qu'on frappât à la porte de sa chambre, on était toujours accueilli avec le même sourire de bonté, avec les mêmes paroles bienveillantes et affectueuses ; on aurait cru toujours lui rendre service en la visitant. Rien ne paraissait la contrarier, la gêner, l'incommoder ; elle semblait être la chose dont toutes les autres pouvaient user librement.

Voulait-on la remercier d'un service rendu, c'était elle qui devait être la plus reconnaissante, trouvant mille raisons, mille prétextes pour prouver que vraiment elle était la plus obligée.

Elle était confuse de toute attention, et n'avait pas de paroles assez expressives pour en témoigner sa gratitude.

La charité de la bonne Mère Assistante ne se renfermait pas seulement dans sa Communauté,

5..

elle se faisait des issues pour se répandre au dehors : les membres souffrants de Notre-Seigneur, les pauvres, eurent toujours une grande part de ses affections. Mais, comme Assistante, elle pouvait passer des sentiments aux œuvres ; elle n'y manqua pas : elle pensait à eux en toutes circonstances, comme une mère penserait à ses enfants. Peu de jours après sa nomination, la Communauté célébrait la fête de sa Supérieure. Sur la modeste table où étaient déposés les petits présents qu'on lui offrait se trouvait la part des pauvres faite par la Mère Assistante ; car, suivant elle, il aurait manqué quelque chose à l'allégresse du couvent, si elle n'avait pas été partagée par les membres souffrants du divin Maître.

XII

MALADIE DES DEUX SŒURS.

OUJOURS, Marie de Saint-Rodolphe avait eu la nostalgie du ciel ; jeune encore, bien avant son entrée en religion, elle faisait de fréquentes neuvaines au sacré Cœur de Jésus et aux Saints, pour lesquels elle avait une dévotion particulière, afin d'obtenir la grâce de mourir dans la fleur de son âge et d'entrer plus tôt en possession de son Dieu. Ce désir, loin de s'affaiblir avec les années, n'avait fait que redoubler d'intensité à mesure que la fervente religieuse s'était avancée dans la connaissance et l'amour de la divine Beauté.

Son contentement fut grand lorsqu'elle sentit

au dedans d'elle-même « des réponses de mort prochaine [1] » : la fièvre presque continuelle qui la minait, sa toux ordinaire, sa poitrine dont elle souffrait habituellement, lui étaient autant d'indices que ses désirs seraient satisfaits et que son exil ne se prolongerait plus guère.

Néanmoins, quoique poitrinaire avancée, elle se dépensait toujours, ne se plaignait jamais et suivait en tout la règle. Quand la Mère Supérieure, la voyant plus fatiguée que de coutume, l'obligeait à se reposer et à renoncer à quelque exercice de communauté, elle ne tardait pas à s'apercevoir que cette dispense, loin d'être un soulagement pour la malade, la rendait plus souffrante par la peine qu'elle ressentait d'être privée de ce qui faisait sa force et sa joie, de cette vie commune qui lui était si chère. Cependant, en âme vraiment obéissante, elle acceptait avec la plus parfaite soumission les volontés de ses Supérieures. Toute exception était pour elle

[1] 2 Corinthiens, I, 9.

une réelle souffrance ; une de ses premières résolutions avait été celle-ci : « Ne jamais me plaindre de rien, fuir les exceptions comme le démon. » Mais, malgré ses répugnances si vives pour tout ce qui la faisait sortir du train commun, avec quelle effusion de reconnaissance elle remerciait celles de ses Sœurs qui la soignaient ! « Je suis une hypocrite, disait-elle, à propos des soins qu'on lui donnait, je trompe tout le monde ; on me croit malade, et je ne souffre rien. »

Au mois de février 1879, la Mère Assistante, qui n'avait pu faire sa retraite annuelle avec la Communauté, la fit en son particulier. Notre-Seigneur commençait à la préparer d'une manière plus spéciale au grand passage du temps à l'éternité. La chère Mère était déjà alors assez malade pour ne pas se faire illusion sur son état. Elle fit cette retraite avec la pensée qu'elle serait la dernière. A la lumière de Dieu, elle revit toute sa vie, pleura ses moindres fautes, en fit une confession générale. Insatiable de prières, elle ne pouvait quitter les pieds de son divin Maître, et ne se donna même pas le temps de prendre, comme d'ordinaire, quelques notes; peut-être prévoyait-elle qu'elles ne lui seraient plus utiles.

Après cette semaine de solitude, on vit que son union avec Dieu était devenue encore plus étroite. Les jours ne lui suffisaient pas pour satisfaire sa soif de louange, d'adoration et d'amour. Ils semblaient non plus ne pas suffire au divin Maître pour ses communications avec sa servante. Les nuits entières s'écoulaient dans d'amoureux colloques, dans une ineffable contemplation de Notre-Seigneur qui la ravissait tout entière en Lui. C'est elle qui révéla ce secret quelques jours avant sa mort. Elle disait que, depuis bien des mois, privée de sommeil, elle passait ses nuits occupée de son divin Maître; pendant ces heures de silence et de repos, oubliant la terre, s'oubliant elle-même, elle était tout absorbée en Celui qu'elle aimait, et ne voyait qu'avec regret revenir la lumière qui l'arrachait à cette contemplation, avant-goût du Paradis.

Pendant la Semaine Sainte, quoique plus fatiguée et plus souffrante, elle travailla avec ardeur à orner le reposoir du Jeudi-Saint. Elle demanda même de prolonger sa veille pendant la nuit douloureuse.

Le premier jour du mois de mai, elle avait la consolation d'apprendre que la Mère Provinciale, accompagnée de sa secrétaire, Marie de Saint-Hilaire, arrivait à Toulouse pour y faire la visite qui devait être suivie de celle de Pau. C'était pour les deux sœurs une immense consolation de se revoir; jamais, peut-être, elles n'avaient autant désiré leur réunion. Mais peu de temps après son arrivée à Toulouse, la Mère Marie de Saint-Hilaire tombe gravement malade. Sa maladie de poitrine, qui avait eu un temps d'arrêt, fait en quelques jours des progrès alarmants. Le Rév. Mère Provinciale, prévoyant que sa secrétaire ne pourra l'accompagner à Pau, et voulant cependant lui donner la consolation de revoir sa sœur, écrit à la Mère Marie de Saint-Rodolphe de se rendre à Toulouse. Mais autres étaient les desseins de Dieu. En même temps qu'une des deux sœurs tombait malade à Toulouse, l'autre à Pau était encore plus gravement atteinte. Le 17 mai, Marie de Saint-Rodolphe avait été prise par de violentes douleurs de côté qui l'avaient obligée de se coucher; c'est le lendemain qu'elle recevait la lettre qui l'appelait auprès de sa sœur. Elle dit à la Mère Supérieure qu'elle se sentait bien prise et qu'elle ne savait si elle devait faire ce voyage; elle la priait d'en faire la demande à la Mère Provinciale. Sa Supérieure n'hésita pas à lui interdire, pour le moment, de donner suite à ce projet, l'invitant à se bien soigner, afin d'être plus tôt en mesure de se rendre près de sa sœur.

Le médecin appelé ordonna à la malade l'application d'un grand vésicatoire sur la poitrine dont elle souffrait beaucoup.

Ce fut avec une peine bien vive que la Mère Marie de Saint-Hilaire reçut les tristes nouvelles que la Mère Provinciale lui transmit sur le compte de sa chère Sylvie. Elle entrevit dès lors le grand sacrifice que Notre-Seigneur allait lui demander, et elle attendit avec anxiété le dénouement de la crise. Les lettres qui arrivaient de Pau étaient de moins en moins rassurantes. Le 20 mai, la Rév. Mère Provinciale recevait celle-ci : « Le Docteur n'est pas content de l'état de santé de Mère Marie de Saint-Rodolphe. Il lui a ordonné un troisième vésicatoire. Ils sont si grands que la malade me fait pitié : elle en a un sur la poitrine, un de chaque côté du dos qui ont de 10 à 12 centimètres. Elle est si douce cette pauvre chère Mère ! Elle me dit toujours que je ne lui fais pas mal quand je la panse. »

Quatre jours après, la Mère Supérieure lui disait : « Mère Marie de Saint-Rodolphe a une bronchite capillaire. Il paraît que cette maladie est encore plus mauvaise qu'une fluxion de poitrine. Ses deux poumons sont pris : elle a des points pleurétiques partout, puis une fièvre que la quinine ne peut couper. Elle ne se croit pas malade, et cependant elle reste fort tranquille dans son lit. J'ai confiance que Dieu nous la laissera !... mais elle souffre tant; elle est d'une faiblesse extrême. Elle a voulu écrire un mot à

Marie de Saint-Hilaire, elle n'en pouvait plus; elle veut vous écrire demain; elle a commencé aujourd'hui, mais n'a pu continuer. »

La faiblesse allait toujours croissant; on ne cessait d'appliquer à la malade de nouveaux vésicatoires qui ne pouvaient retarder le progrès du mal Les souffrances de la courageuse Mère étaient vives; mais loin de s'en plaindre, elle ne les trouvait pas assez grandes pour satisfaire sa soif d'immolation. Elle ne se lassait pas de dire à la Mère Supérieure qu'elle ne souffrait point assez, qu'elle aurait voulu souffrir davantage.

Comme on lui suggérait un moyen pour adoucir la souffrance causée par les vésicatoires, elle dit à la Sœur Infirmière avec énergie : « Comment! on m'enlèverait justement la seule chose qui me fait un peu souffrir; oh! non. *C'est bon pour les personnes du monde. Je trouve qu'on a si peu à endurer; tant mieux d'en avoir quelques occasions.* »

Toujours oublieuse d'elle-même et remplie *de sollicitude pour les autres, elle se préoccu*pait beaucoup de la fatigue qu'elle occasionnait à la Mère Supérieure et à la Sœur Infirmière qui ne la quittaient pas. Elle cherchait aussi à calmer les inquiétudes de sa tante, et lui écrivait, malgré sa grande faiblesse, pour la rassurer sur l'état de sa santé et sur celui de sa sœur :

« Nous avons ici des pluies telles et un froid si vif, que j'ai pris une espèce de bronchite dont j'ai peine à me débarrasser. Un rayon de soleil me remettrait sur pied, mais il s'obstine à ne pas paraître. La Mère Supérieure me soigne comme jamais mère n'a pu soigner son enfant. C'est elle-même qui vient me faire prendre mes repas, qui se lève la nuit pour venir voir ce que je fais, qui me comble enfin de tendresses si innombrables, si douces, si maternelles, que je voudrais pouvoir me faire toute cœur pour lui témoigner un petit quart de ma reconnaissance.

« La Mère Marie de Saint-B. vient de nous arriver de Toulouse. Mère Marie de Saint-Hilaire n'a rien de grave. C'est une petite fièvre qu'on a de la peine à couper ; de plus, elle avait aussi pris froid, et le même jour on nous mettait à toutes les deux un vésicatoire. C'est risible vraiment, nous sommes plus inséparables que si nous étions jumelles... La Mère Provinciale la soigne comme la prunelle de ses yeux.

« Ne vous inquiétez pas du tout, ma chère tante, de tous ces accidents, ce n'est absolument rien ; dans deux ou trois jours nous serons debout, et nulle reine dans son palais ne peut recevoir des soins aussi remplis de tendresse et de délicate bonté que ceux dont vos enfants sont environnées. »

Elle n'oubliait pas non plus sa sœur Marie de Saint-Hilaire, retenue comme elle sur un lit de souffrance. Elle lui écrivait :

« Je pense à vous jour et nuit, remerciant Notre-Seigneur de vouloir nous faire partager la même croix : elle est si douce... Je me sens heureuse dans mon petit coin, toute seule avec Jésus, que je trouve tout rempli de tendresse. Je pense que vous aussi trouvez joie et bonheur dans cette chère visite du Maître. »

La maladie faisait de continuels progrès. Les nuits surtout étaient très pénibles ; cependant *Marie de Saint-Rodolphe ne voulait pas être* veillée, pour ne pas fatiguer ses Sœurs; mais sa toux continuelle empêchait de dormir celles qui étaient à côté d'elle. Bien souvent la Mère Supérieure et l'Infirmière entraient dans sa chambre. Elles la trouvaient d'ordinaire assise sur son lit, toujours souriante, leur disant : « J'étouffe, mais je ne souffre pas trop. »

Cependant, il parut plus prudent, vu l'état de faiblesse de la malade et la marche accélérée du mal, de lui donner les derniers sacrements. Le 27 mai, au soir, le R. P. Nègre, son directeur, vint la voir, l'avertit du danger où elle se trouvait, et lui conseilla de demander à recevoir l'Extrême-Onction. Aucune nouvelle ne pouvait être plus agréable à Marie de Saint-Rodolphe. L'Infirmière, aussitôt après le départ du Père, entra dans la chambre de la malade, qu'elle trouva rayonnante de bonheur; ses yeux brillaient d'une flamme surnaturelle; elle s'écria en l'apercevant : « Oh ! que ce Père est bon ! » et, avec un empressement et une vivacité qui ne lui étaient pas *ordinaires, elle pria la Sœur d'aller prévenir la Mère Supérieure qu'elle dési-*

rait lui parler. (Elle voulait lui demander de recevoir les derniers sacrements.) L'Infirmière, devinant le motif de sa joie, lui demanda avec naïveté : « Mère, que vous a donc dit ce Père pour vous rendre si joyeuse ? » — « Eh bien, il m'a dit que je meurs ; et je suis si heureuse de mourir ! J'ai fait, il y a peu de temps, ma confession générale ; je suis en paix, rien ne me trouble ! » — Et un instant après : « Allez au Salut remercier Notre-Seigneur pour moi du grand bonheur qu'Il m'accorde ! C'est demain que le P. Nègre doit venir me donner les derniers sacrements. »

Comme le lendemain matin on différa la cérémonie, parce que l'on crut remarquer un léger mieux, la malade ne put dissimuler la tristesse qu'elle en éprouvait. Elle ne retrouva sa joie accoutumée que lorsqu'elle eut vu le Père, qui lui promit de venir lui donner l'Extrême-Onction dans la soirée.

Vers quatre heures, toute la Communauté se rendit processionnellement, chacune un cierge à la main, dans la chambre de la Mère Marie

de Saint-Rodolphe qui paraissait calme et heureuse. Avant de recevoir le saint Viatique, elle
pria le prêtre célébrant de demander pardon
pour elle à ses Sœurs réunies de la mauvaise
édification qu'elle leur avait donnée pendant sa
vie, sa voix trop faible ne lui permettant pas de
se faire entendre. Le Père lui ayant demandé si,
à son tour, elle pardonnait à toutes : « Oh !
mon Père, répondit-elle, elles sont toutes si
bonnes pour moi que je n'ai rien à pardonner,
oh ! non, rien. » Avec quel amour elle s'unit
ensuite à son Dieu caché sous les voiles eucha-
ristiques, mais qui, sous peu, allait se montrer
à elle, sans voiles et sans ombres, dans tout
l'éclat de sa divine Beauté.

Après la réception de l'Extrême-Onction, sa
figure prit une expression de joie céleste qui
rendait heureuses celles qui la voyaient. Elle
ne cessait de répéter : « Oh ! que je suis heureuse ! qu'il est doux de mourir ! que Jésus est
bon ! que je l'aime ! Oh ! je vous en prie, ne
demandez pas ma guérison, laissez-moi aller à
Notre-Seigneur. Cependant, si ce divin Maître

veut me laisser encore pour souffrir, je le veux bien, que sa volonté se fasse ! »

La Mère Marie de Saint-Hilaire ayant appris que sa chère Sylvie avait reçu les derniers sacrements, lui écrivit la lettre suivante qu'elle arrosa de ses larmes :

« Ma bien-aimée sœur, c'est avec le cœur brisé que je viens à vous après les dernières nouvelles reçues de Pau. Est-il possible que vous soyez si près du ciel ! Oh ! je ne voudrais pas vous enlever le bonheur que vous éprouvez d'y aller ! Mais cette pensée est déchirante ! il faut donc se dire adieu ; non, au revoir au ciel !... Je te demande pardon, ma sœur chérie, de toutes les peines que j'ai pu te causer ; mon cœur était si à toi, cependant ! Prions ensemble, restons unies comme nous l'avons été sur la terre. Au revoir encore. Merci de tout ce que vous avez fait pour moi ! Que vous êtes heureuse ! »

Marie de Saint-Rodolphe répondit à sa sœur quelques lignes que nous regrettons de n'avoir pu retrouver, et dans lesquelles, à travers la tristesse des adieux, perçaient déjà les joies de la patrie qu'elle semblait entrevoir.

Le jeudi 29 mai, son frère et sa tante, prévenus de son état, arrivèrent à Pau et furent admis auprès d'elle. Marie de Saint-Rodolphe jouit avec bonheur de la consolation que Dieu lui donnait. Elle aimait tant les siens, elle fut heureuse de les voir ; mais elle les reçut avec le plus grand calme, sans la moindre émotion. Elle ne se lassait pas de parler de Notre-Seigneur à son frère, en l'exhortant à lui demeurer toujours fidèle.

Ce même jour, 29 mai, la malade avait reçu la visite de M. d'Hers, confesseur ordinaire de la Communauté. En quittant l'infirmerie, il ne pouvait taire son admiration pour celle qu'il venait de visiter. « On éprouve dans cette chambre un sentiment du Paradis, » dit-il à la religieuse qui l'accompagnait.

Le premier Pasteur du diocèse se trouvant à Pau, en cours de visite pastorale, vint aussi bénir l'humble religieuse. Comme il lui disait qu'il prierait pour demander sa guérison, Marie de Saint-Rodolphe lui répondit avec un ton suppliant : « Que Votre Grandeur veuille plutôt demander au divin Maître qu'Il daigne m'appeler bientôt à Lui! »

XIII

MORT DE LA MÈRE MARIE DE SAINT-RODOLPHE.

LA pieuse malade soupirait avec amour et confiance après l'arrivée de l'Époux. Ses derniers jours ne furent qu'une aspiration continuelle de son cœur vers Lui; elle ne cessait de répéter : « Venez, Seigneur Jésus, venez[1]. » Et elle attendait que le divin Maître lui répondît : « Voici que je viens, et ma récompense est avec moi[2]. » Deux jours encore, et elle allait enfin jouir de ce bonheur tant désiré.

[1] Apoc. XXII, 20.
[2] Ibid. XXII, 12.

La journée du vendredi fut assez calme, mais Marie de Saint-Rodolphe s'affaiblissait de plus en plus. Dans la matinée, elle eut une grande faiblesse qui fit craindre l'approche du dernier moment. Elle demanda qu'on récitât les prières des agonisants, et s'y unit de tout cœur. Vers dix heures, la crise étant passée, un léger mieux se manifesta et donna à celles qui l'entouraient une lueur d'espérance qui se dissipa bien vite. Elle reçut plusieurs fois en ce jour, comme dans les suivants, le bienfait de l'absolution. La nuit fut horrible de souffrances, mais délicieuse de calme. Elle répétait souvent à la Mère Supérieure qui était auprès d'elle : « Oh ! Mère, que Jésus est bon ! Malgré ma grande faiblesse qui fait que je ne vois plus rien, que je n'entends presque pas, ce divin Maître me laisse continuellement sentir sa présence et je puis toujours prier. » — « Vous aimez bien Jésus ? » lui dit la Mère Supérieure. — « Oh ! oui, dit-elle ; j'ai fait un tel pacte avec Lui, Il s'est tellement emparé de mon être, que toutes mes paroles, mes pensées, mes désirs, mes actions ne peuvent être dirigés que vers Lui. » A un moment donné, elle demanda pardon à la Mère Supérieure de ce qu'elle s'était plainte une fois durant sa maladie, quand on lui pansait ses vésicatoires ; elle se l'était ensuite reproché et en avait fait le sujet de son examen particulier. Elle désira encore pendant cette nuit qu'on lui lût les prières de sainte Gertrude, l'acte de confiance, d'abandon et d'amour.

Le samedi se passa, pour la chère malade, comme la journée précédente, dans la souffrance, la prière et la joie d'aller à Jésus. Celles des religieuses qui allaient dans sa chambre s'y trouvaient comme dans un sanctuaire, se sentant pénétrées de respect et de vénération.

La nuit du samedi au dimanche fut, comme la précédente, très douloureuse ; écoutons la Sœur Infirmière, qui veilla la malade avec la Rév. Mère Supérieure, nous dire ses impressions : « *Je n'oublierai jamais les deux dernières nuits que cette chère Mère passa sur la terre ; pour elle, c'était le Purgatoire, elle souffrait tant ! mais pour nous, c'était le ciel ; elle nous* disait des paroles ravissantes de Notre-Seigneur et de son bonheur de mourir. « Oh ! que Notre-Seigneur tarde à venir, disait-elle. Venez, Seigneur Jésus, venez ! »

Consumée par une fièvre ardente, Marie de Saint-Rodolphe éprouvait le besoin de se rafraîchir. Elle acceptait volontiers quelques quartiers d'orange, mais ne se permettait pas d'en réclamer si on oubliait de lui en offrir. La Mère Supérieure lui ayant une fois doucement reproché de n'en pas demander, elle répondit en souriant : « Je ne voulais pas demander cette douceur, j'avais peur d'être sensuelle ; mais comme je vous remercie de me l'offrir ! que Notre - Seigneur est délicat de nous donner jusqu'à la fin des soulagements pour nos maux ! »

Son infirmière lui ayant adressé ces paroles qui prouvaient le cas qu'elle faisait de son intercession auprès de Dieu : « Mère, lorsque vous serez au ciel, je vous invoquerai tous les jours ; » l'humilité de la malade en fut alarmée, et elle dit à la Sœur, avec un accent que celle-ci ne lui avait jamais connu : « S'il en est ainsi, je ne ferai rien pour vous. »

Elle avait désiré et espéré mourir le samedi 31 mai, fête de Notre-Dame du Sacré-Cœur. A la fin de cette journée, vers minuit, après plusieurs invocations que lui suggérait la Rév. Mère Supérieure, elle ajouta : « Notre-Dame du Sacré-Cœur, emmenez-moi. »

Un plus beau jour de fête était réservé pour la consommation de son sacrifice ; la Vierge bénie la laissa quelques heures de plus sur son lit de souffrance, afin que, quittant la terre en la fête de la Pentecôte, elle pût encore recevoir le Saint-Esprit et participer avec abondance à l'effusion de ses dons.

Le dimanche 1er juin, fête de la Pentecôte et premier jour du mois du Sacré-Cœur, se leva enfin. Dès l'aurore, Notre-Seigneur vint visiter la malade et se donner à elle pour la dernière fois dans la sainte Communion. Son humble servante le reçut dans un cœur anéanti et dévoré d'amour. Elle-même avait fait tous les préparatifs nécessaires pour cette grande visite. Marie de Saint-Rodolphe avait bien recommandé que pendant son agonie on ne lui enlevât pas, sous prétexte de la soulager, ni son voile, ni son scapulaire, voulant jusqu'à la fin être revêtue de tous les insignes religieux de la Société de Marie-Réparatrice ; et dès le matin, elle avait prié la Sœur Infirmière de lui donner son chapelet, et l'avait passé à son cou en disant : « Maintenant, je ne le quitte plus. »

Après la sainte Communion, elle continua son action de grâces presque toute la matinée. Le P. Nègre était près d'elle, lui suggérant de temps en temps de pieuses aspirations. Les religieuses présentes l'entendaient répéter ces paroles :

« Je déteste mes infidélités à la règle. Notre-Seigneur nous demande si peu de chose, et nous le lui refusons ! Oh ! si on comprenait ce qu'est le péché !...

« Je suis heureuse d'être l'objet des miséricordes de Notre-Seigneur ; je sens comme un fleuve de grâces qui se répand sur mon âme ! J'ai reçu tant de grâces pendant ma vie, j'en étais si peu digne ! c'est par la sainte Vierge qu'elles m'ont été données. J'ai tant péché, mais je n'ai pas la moindre terreur, Jésus est si bon !...

« Oh ! qu'il est doux de mourir au couvent ! Si l'on savait le bonheur qu'il y a de mourir dans la vie religieuse, il y aurait beaucoup plus de vocations !...

« En Jésus est toute ma joie, tout mon amour, toute mon espérance !... Oh ! que je suis heureuse de mourir ! je n'ai pas la moindre crainte ; rien ne me fait de la peine...

« Je ne crains ni la mort, ni le démon ; j'ai confiance en la sainte Vierge... »

Ces paroles, que la mourante prononçait à de longs intervalles, avec une ferveur admirable, venaient seules interrompre le silence qui régnait autour d'elle ; elles s'exhalaient de son cœur comme des traits de flamme qui semblaient soulager son âme consumée d'amour.

Les assistants entouraient, émus et édifiés, cette couche près de laquelle la mort s'approchait, séparée de tout le cortège de convulsions et de terreur qui l'accompagnent d'ordinaire, pour laisser voir seule une âme que l'amour divin purifie de plus en plus, afin qu'elle soit assez sainte à sa sortie du corps pour s'envoler vers son Dieu.

On se sentait en présence d'une opération si grande et si forte de la grâce, que l'on éprouvait comme une vue intime de la présence de Dieu se révélant d'une manière particulière dans cette petite chambre; aussi n'était-on point surpris d'entendre Marie de Saint-Rodolphe s'écrier : « Je ne perds pas un instant la présence de Notre-Seigneur, je le sens tout près de moi. »

Le Père ayant demandé à la malade si elle se reconnaissait comme la servante du Seigneur, la dernière de toutes : « Oh! oui, répondit-elle, la plus petite! » Elle ajouta : « Je prierai beaucoup pour la petite Maison de Pau qui m'est si chère. » Le Père reprit : « Oui, ma fille, parce que vous y avez trouvé la souffrance! » — « Oh! mon Père, la charité! »

A mesure que les heures s'avançaient, ses forces baissaient d'une manière très sensible, elle

s'éteignait doucement ; dans la soirée, elle disait :
« Je ne puis presque plus parler, mais Notre-
Seigneur me fait la grâce de pouvoir toujours
penser à Lui ; je n'ai pu rien faire de suivi
depuis deux jours pour mes Exercices spirituels, mais j'ai toujours pensé à Jésus. » Puis
souvent elle murmurait sa prière accoutumée :
« Venez, Seigneur Jésus, venez ; que vous êtes
long à venir ! » Un instant, elle craignit de s'occuper trop des personnes présentes et pria le
Père de lui parler de Notre-Seigneur, afin de
ramener toutes ses pensées vers Lui. Elle lui
demanda aussi de vouloir bien réciter à haute
voix, afin qu'elle pût s'y unir, le *Quam dilecta*,
le *Magnificat*, le *Veni Creator*, le *Veni
Sancte Spiritus* et le *Te Deum*. Elle voulait
que l'action de grâces, qui avait été le besoin
incessant de son amour, fût le dernier chant de
son cœur ici-bas. Elle répétait encore après :
« Il n'y a pas de bonheur comparable au mien…
que je suis heureuse de mourir !… que Jésus est
bon ! »

Elle tenait entre ses mains défaillantes son

christ des vœux, le regardait et le baisait souvent avec l'expression de l'amour le plus tendre... Quand ses forces ne lui permirent plus de le soutenir, elle appela sa Supérieure : « Mère, je n'ai plus la force de tenir mon crucifix ; mettez vos mains dans les miennes pour m'aider à le soutenir ; comme cela, je pourrai toujours le voir. »

Vers quatre heures, elle dit un dernier adieu aux siens et aux religieuses qui l'entouraient. La Mère Supérieure lui ayant demandé si elle la reconnaissait : « Oh ! oui, je vous reconnais, mais je ne vous vois plus ; je prierai beaucoup pour vous. » Il y eut encore dans ses dernières paroles un témoignage de son amour pour les missions : elle recommanda de dire adieu de sa part à une des Mères Missionnaires. Puis, elle prononça ces mots : « Jésus vient maintenant, c'est bien Lui, j'en suis sûre ! » Le froid de la mort l'ayant obligée de rentrer les bras dans son lit, elle garda son crucifix entre ses mains, en le pressant avec amour contre son cœur. Dès lors, elle ferma les yeux et ne parla plus.

Pendant un quart d'heure, elle donna encore signe de vie; puis elle s'endormit si doucement dans le Seigneur, que l'on ne put saisir son dernier soupir.

Ainsi mourut, comme elle avait vécu, cette religieuse si humble, si avide de souffrances, si embrasée d'amour pour Dieu.

Elle était allée recevoir de Jésus la couronne que lui avaient préparé sa constante fidélité, son admirable pureté et son ardente charité.

Elle était âgée de trente-deux ans et en avait passé onze en religion.

Après qu'elle eut rendu le dernier soupir, la Sœur Infirmière, soulevant les draps qui la recouvraient, on la vit les mains jointes, tenant son crucifix fortement serré contre son cœur; telle que saint François Xavier est représenté après sa mort, tenant fortement embrassée l'image de son Sauveur crucifié.

Dès que la nouvelle de la mort de Marie de Saint-Rodolphe se fut répandue, on vit combien l'humble violette s'était révélée par son parfum.

Passons sous silence ce que chacun devine :

les larmes de sa Communauté, les regrets et les éloges unanimes de ses Sœurs, l'empressement de toutes à veiller et à prier autour de son lit funèbre, et voyons le monde à son tour lui offrir ses témoignages de respect et de vénération.

Le lundi de la Pentecôte, à huit heures du matin, selon l'usage de la Communauté, le corps de la chère défunte est exposé à la chapelle, au milieu des fleurs et des lumières. Dès lors, une foule nombreuse et recueillie ne cesse de venir prier et s'édifier auprès de cette dépouille qui respire la sainteté et semble refléter les joies du Paradis.

Ainsi Dieu se plaisait à exalter son humble servante. Si elle s'était réveillée un instant, combien son humilité aurait souffert de ce concours empressé qui se faisait autour d'elle et des hommages que l'on rendait à sa vertu.

Bientôt son corps est entouré de couronnes blanches venues de partout. Deux Sœurs se tiennent constamment à la grille pour faire passer sur son corps des chapelets, des croix, des médailles, chacun voulant conserver un souvenir ou recevoir comme une bénédiction de la bonne religieuse. Plusieurs personnes éprouvent même le besoin d'aller dire à la Mère Supérieure les impressions qu'elles ressentent : il leur semble, disent-elles, être en présence d'une de ces Bienheureuses que l'Église expose à la vénération des fidèles.

On doit laisser les portes ouvertes jusqu'à huit heures et demie du soir, pour satisfaire la foule qui continue à se succéder dans la chapelle. Quelques personnes demandent et obtiennent la faveur d'y passer la nuit en prières ; de ce nombre sont la tante et le frère de Marie de Saint-Rodolphe, heureux témoins de ces démonstrations consolantes.

A la prière des religieuses, la Mère Supérieure consentit à retarder jusqu'au dernier moment la mise au cercueil, dont le besoin d'ailleurs ne se faisait pas sentir, malgré la chaleur de cette saison ; la Communauté continue donc à prier, à pleurer et à se réjouir auprès de celle que l'on voyait déjà comme un ange protecteur veiller du haut du ciel sur cette maison qui lui avait été si chère.

Ce fut un moment bien douloureux pour toutes que celui où elles durent cesser de voir pour toujours le gracieux visage de cette Sœur bien-aimée. A sept heures du matin, son corps fut mis dans le cercueil.

Aux funérailles, qui se firent à neuf heures, il y eut un concours considérable de prêtres, de religieux, de religieuses et de personnes de toutes les conditions. Lorsque le cortège se déploya, au sortir de l'église, en avant et à la suite du cercueil, on eût dit une marche triomphale, et, pour rendre cette ressemblance encore plus frappante, le cortège, on ne sait sous quelle inspiration, ne suivit pas le chemin ordinaire et direct qui conduit au cimetière, mais il traversa toute la ville.

Dieu voulait, suivant sa promesse : « Quiconque s'abaisse sera élevé, » exalter même en ce monde celle qui avait eu ici-bas une véritable ambition d'être oubliée et méprisée par amour pour son divin Maître et modèle, Notre-Seigneur Jésus-Christ.

XIV

ARIE de Saint-Rodolphe était partie pour le ciel le 1er juin, laissant sur la terre sa douce petite sœur, Marie de Saint-Hilaire, à laquelle elle était si intimement unie. Comme si cette séparation eût été trop pénible pour ces deux âmes, Notre-Seigneur se hâta de les réunir pour toujours dans une même gloire et une même félicité. C'étaient deux fleurs qni avaient vécu ensemble sur la même tige, exposées aux rayons du même soleil et qui devaient être cueillies en même temps dans tout l'éclat de leur suave beauté pour aller embellir la demeure du Maître.

L'aînée s'en alla la première pour montrer à sa jeune sœur comme il est doux de mourir quand on n'a vécu que pour Notre-Seigneur ; puis, après lui avoir ouvert la voie, elle revint à sa rencontre pour l'introduire avec elle dans les joies de la patrie.

Mais il faut reprendre la suite des événements. La Rév. Mère Provinciale ayant été instruite de la bienheureuse mort de Marie de Saint-Rodolphe se mit en devoir d'en informer Marie de Saint-Hilaire, avec tous les ménagements que demandaient son état de souffrance et son extrême faiblesse.

En cette circonstance, comme dans toutes les autres, la chère malade se montra digne de sa sœur par sa foi vive, son courage, sa conformité à la volonté divine ; sa douleur fut grande, mais pleine de résignation. Après avoir laissé quelque temps s'épancher son chagrin, elle ne se permit plus ensuite de verser des larmes sur celle que la foi lui montrait si heureuse dans le ciel.

La chère malade n'éprouvait pas, comme sa

sœur, ces saintes impatiences, ces ardents désirs de la mort ; elle en avait même une certaine appréhension. Elle voulait vivre, parce qu'elle savait que c'était le désir de sa Supérieure ; elle voulait vivre, pour servir encore la Société de Marie-Réparatrice et pour s'appliquer plus généreusement , à l'exemple de sa sœur, au travail de sa perfection. Depuis la mort de Marie de Saint-Rodolphe, elle disait qu'elle comprenait mieux les vertus que Dieu demande à une Réparatrice, et elle voulait vivre pour les acquérir. Mais dans son état, la santé ne pouvait lui être rendue que par un miracle : les moyens humains étaient déclarés impuissants. On eut recours à la prière : une neuvaine au sacré Cœur de Jésus fut commencée par toute la Communauté pour obtenir sa guérison ; la malade s'y unit avec une grande foi et une grande confiance.

Cependant la Rév. Mère Provinciale, obligée de se rendre à Pau, dut se séparer de sa chère secrétaire ; ce fut pour celle-ci un nouveau sacrifice qu'elle offrit à Notre-Seigneur : ainsi ce divin Maître se plaisait-il à achever sa couronne.

Fidèle à l'esprit qui avait animé toute sa vie religieuse, Marie de Saint-Hilaire, pendant sa maladie, ne cessa pas d'édifier ses Sœurs par sa piété angélique, sa patience, mais surtout par son obéissance. Jusqu'à son heure dernière, elle demanda les plus petites permissions, ne voulant rien recevoir, ni rien donner que par obéissance.

L'obéissance et l'humilité vont ensemble. Marie de Saint-Hilaire était étonnée qu'on mît tant d'empressement à s'occuper d'elle, et se montrait d'une excessive reconnaissance pour celles qui la soignaient. Peu avant sa mort, éclairée sans doute d'une lumière encore plus vive sur la grandeur infinie de Dieu et sur la petitesse de la créature, elle dit à la Mère Provinciale : « Oh! l'humilité, c'est tout! Je regrette de n'avoir pas été assez humble, je voudrais me faire néant devant Dieu. »

Son amour pour Notre-Seigneur était grand, et cependant sa peine la plus vive provenait de ce qu'elle croyait ne pas l'aimer assez.

C'était dans l'intention de lui plaire qu'elle évitait les plus petites infidélités et qu'elle observait avec la plus scrupuleuse exactitude ses vœux et ses règles.

On priait pour la guérison de la malade avec une grande ferveur. Elle avait elle-même la plus ferme confiance qu'elle serait guérie le jour de la fête du Sacré-Cœur, 20 juin, qui devait être le dernier de la neuvaine. Ses Sœurs partageaient son espoir et ne cessaient de prier. Il y avait comme un combat engagé entre le ciel et la terre se disputant cette aimable petite fleur.

Le ciel l'emporta. Le jour même de la fête du Sacré-Cœur, Marie de Saint-Hilaire ressentit une grande oppression et de violentes douleurs dans la poitrine. Elle espérait néanmoins sa guérison, et disait qu'elle l'espèrerait jusqu'à la dernière minute de cette journée. Elle désira prier devant le Saint-Sacrement, et se fit porter à la tribune de l'église ; mais les Sœurs qui la conduisaient s'aperçurent bientôt qu'elles devaient retourner sur leurs pas ; avant même d'être arrivées dans sa chambre, elle eut une défaillance entre leurs bras. La Mère Supérieure, alarmée de ce changement subit, fit venir le confesseur qui annonça à la malade que Notre-Seigneur l'appelait à Lui. La vertueuse enfant fit aussitôt et très généreusement à Dieu le sacrifice de sa vie.

Son cœur souffrait à la pensée de la douleur que sa mort allait causer à son frère et à sa tante, déjà si cruellement affligés de la perte de Marie de Saint-Rodolphe. Mais la volonté divine étant connue, elle s'y soumit pleinement et attendit la mort avec calme, simplicité et abandon.

Toute cette soirée, elle parut comblée des douceurs que le Maître donne en récompense des sacrifices faits pour Lui. Elle disait : « Je ne croyais pas qu'il fût si doux de mourir ; Marie de Saint-Rodolphe avait bien raison de le dire. C'est à cette chère sœur que je suis redevable de toutes les grâces que je reçois en ce moment. »

A huit heures et demie du soir, la malade reçut l'Extrême-Onction ; elle répondit avec piété à toutes les prières liturgiques, et eut ensuite la consolation de recevoir le saint Viatique, Notre-

Seigneur ayant voulu la visiter et s'unir à elle deux fois en cette journée.

Elle était très faible et on craignait qu'elle ne passât pas la nuit. La Communauté cependant faisait des vœux ardents pour que le divin Maître daignât la conserver jusqu'à l'arrivée de la Mère Provinciale, qui, avertie par dépêche, avait répondu qu'elle serait là le lendemain, à une heure de l'après-midi.

La Mère Supérieure et la Maîtresse de Santé passèrent la nuit auprès de Marie de Saint-Hilaire qui priait souvent, bien souvent, et était contente quand on lui parlait de Dieu.

Le jour suivant, quoique très oppressée, elle eut encore le bonheur de communier; c'était le 21 juin, fête de saint Louis de Gonzague, à qui elle avait une dévotion spéciale. A midi et demi, elle paraissait si faible que ses Sœurs craignaient à chaque instant de la voir expirer. Avec quelle anxiété on comptait les minutes !

La Mère Supérieure ayant demandé à la malade si elle voulait qu'on récitât les prières des agonisants ou si elle préférait qu'on attendît l'arrivée de la Mère Provinciale, elle répondit : « Si j'étais sûre de la revoir, je préférerais attendre ; mais je me sens si faible qu'il est, je crois, plus prudent de ne pas différer. » On lui obéit ; mais bientôt après, à la grande satisfaction de toute la Communauté, on vit apparaître la Rév. Mère Provinciale dans la chambre de la mourante. A sa vue, la figure de Marie de Saint-Hilaire s'illumina ; elle sembla recouvrer des forces, et se jeta dans les bras de sa chère Mère, qui s'établit auprès d'elle et ne la quitta plus, lui prodiguant les soins les plus maternels, l'encourageant de ses plus douces paroles. La reconnaissante malade lui exprima bien des fois son bonheur de la revoir : « Mère, lui dit-elle, j'aurais voulu vivre pour vous obéir ; mais Notre-Seigneur ne le veut pas. Mère, ne pleurez pas... Pour moi, je ne puis pas pleurer depuis que j'ai fait mon sacrifice. »

Dans ses crises d'étouffements, elle disait : « Je souffre beaucoup, mais je suis contente de souffrir pour Notre-Seigneur ; ô Mère, surtout, faites-moi faire des actes d'amour de Dieu. »

Elle ne se lassait pas d'offrir à Dieu ses souffrances unies aux mérites de la vie, des souffrances et de la mort de Jésus-Christ.

La nuit étant venue, elle pria la Mère Provinciale d'aller se reposer, lui promettant de l'envoyer prévenir si elle se sentait plus mal. Celle-ci, la voyant calme et moins oppressée, la quitta; mais elle revint la trouver vers minuit. La malade l'accueillit par ces paroles : « Mère, que je suis heureuse de vous revoir! » Elle lui dit ensuite combien les Mères qui la veillaient étaient bonnes pour elle, et quel plaisir elles lui avaient fait en récitant à haute voix de très belles prières qu'elle avait pu suivre. Ayant reçu une dépêche de son frère : « Je serais bien heureuse de le revoir, dit-elle, mais ce serait trop pour lui d'assister à la mort de ses deux sœurs; aussi je ne demande rien, je laisse à la sainte Vierge le soin de tout arranger pour le mieux. »

Mlle d'Odet, qui eut la consolation de revoir sa seconde nièce mourante, reçut de la part de

Marie de Saint-Hilaire bien des témoignages d'affection et de reconnaissance.

Le 22 juin, à cinq heures du matin, la chère malade commença à se sentir asphyxiée ; elle fit alors plusieurs actes d'amour de Dieu, récita le *Credo*, renouvela à plusieurs reprises ses vœux de religion ; au milieu de ses douleurs, elle disait : « J'offre mes souffrances, non pas tant pour l'expiation de mes péchés que pour les pécheurs, car je suis Réparatrice. » Elle offrit sa vie pour l'Église, pour sa Société, pour la conversion des âmes.

A six heures et demie, elle reçut l'absolution, communia une dernière fois, et on récita pour elle les prières de la recommandation de l'âme. Après quoi les douleurs de l'agonie redoublèrent ; la malade souffrait beaucoup, mais son âme jouissait d'une paix profonde et ne cessait de s'unir aux Oraisons qu'on lui suggérait. Elle avait exprimé la crainte de mourir étouffée, parce que, disait-elle, son dernier soupir ne serait pas un acte d'amour.

La Mère Provinciale la rassura en lui conseillant de l'offrir par avance à Notre-Seigneur. Ce qu'elle fit avec joie.

Cependant sa respiration devenait de plus en plus difficile, elle étouffait; un moment, ses souffrances durent être bien vives, mais son visage respirait toujours la sérénité et la joie.

Elle entendit jusqu'à la dernière minute et s'efforçait de proférer les invocations qui lui étaient suggérées.

La Rév. Mère Provinciale lui ayant donné son crucifix à baiser, la mourante dépensa ses dernières forces et exhala son dernier soupir dans ce suprême témoignage d'amour qu'elle rendit à son bien-aimé Sauveur.

C'était un dimanche, à huit heures et demie. Elle n'était âgée que de vingt-huit ans. Il y avait trois semaines, jour pour jour, que sa sœur l'avait devancée dans la patrie céleste.

Les traces de la douleur disparurent aussitôt, et une expression angélique se répandit sur tous les traits de la chère défunte.

Sa famille ayant exprimé le désir que son corps reposât auprès de celui de sa sœur, ses restes mortels arrivèrent à Pau deux jours après sa mort, et furent reçus avec une profonde émotion et un pieux respect par la Communauté.

Les dernières cérémonies étant accomplies, on déposa le corps de Marie de Saint-Hilaire à côté de celui de Marie de Saint-Rodolphe. Ainsi, après avoir combattu sous le même étendard les bons combats du Seigneur, ils reposent ensemble en attendant l'heure de la résurrection et des récompenses éternelles, tandis que leurs âmes bienheureuses, unies, comme nous l'espérons, dans une même félicité, bénissent et exaltent à jamais les miséricordes du Seigneur. *Misericordias Domini in æternum cantabo.* (Ps. LXXXVIII, 2.)

TABLE

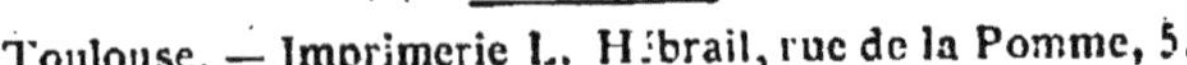

Toulouse. — Imprimerie L. Hébrail, rue de la Pomme, 5.

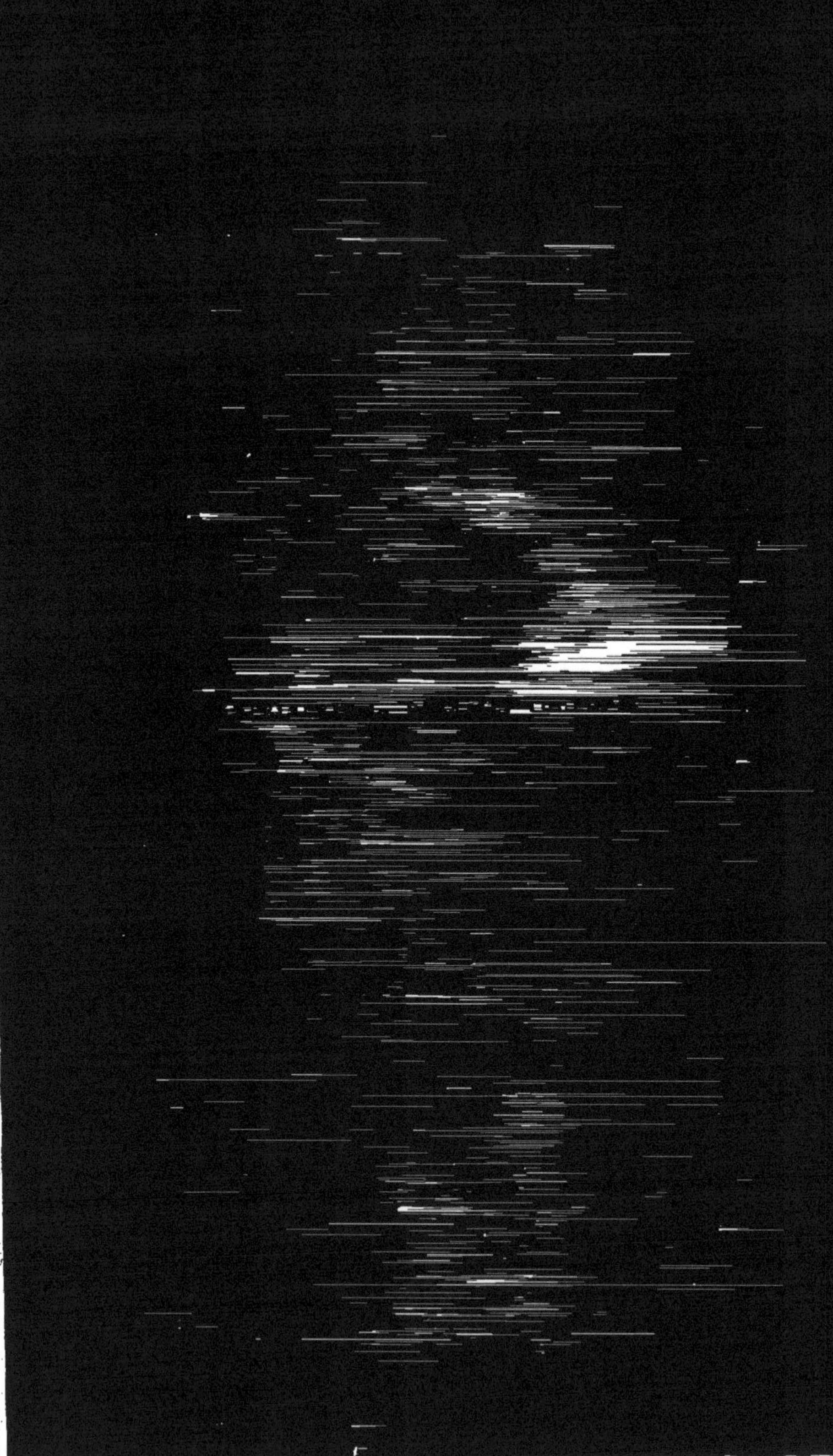

www.ingramcontent.com/pod-product-compliance
Ingram Content Group UK Ltd.
Pitfield, Milton Keynes, MK11 3LW, UK
UKHW021901070726
13613UKWH00001B/256